D1753440

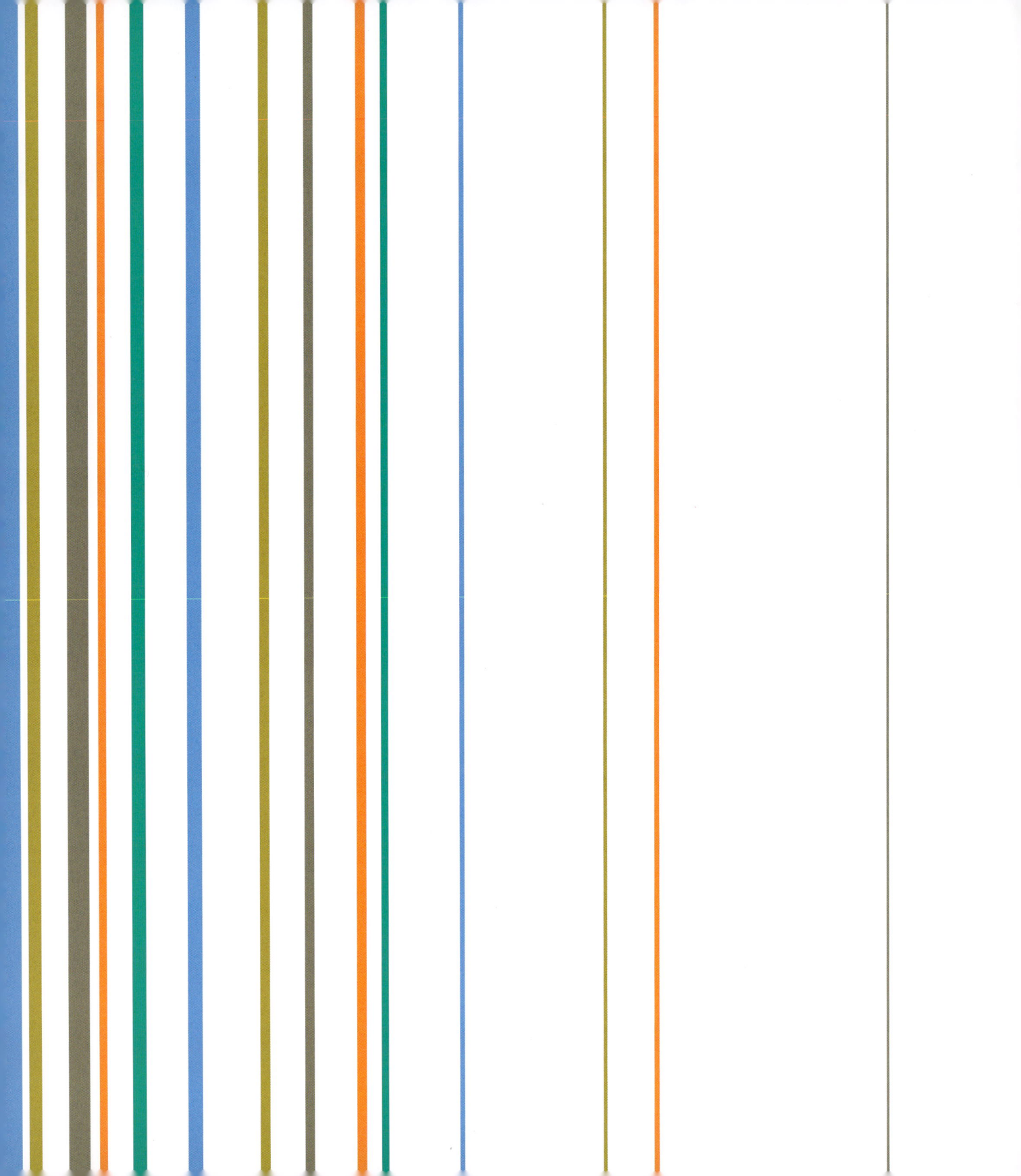

50 JAHRE – 50 FILME

Juliane A. Ahrens | Judith Früh | Judith Westermann

„Die Filme der HFF München"
Herausgegeben von Michaela Krützen
Sonderband anlässlich des
50-jährigen HFF–Jubiläums

Hochschule für Fernsehen und Film

50 JAHRE 50 FILME

Eine unverschämte Auswahl

Herausgegeben von
Juliane A. Ahrens | Judith Früh | Judith Westermann

et+k

edition text + kritik

Bibliografische Information der Deutschen Nationalbibliothek
Die Deutsche Nationalbibliothek verzeichnet diese Publikation in der Deutschen
Nationalbibliografie; detaillierte bibliografische Daten sind im Internet
über www.dnb.de abrufbar.
ISBN 978-3-86916-559-2
Gestaltungskonzept: Brigitte Voit, designlibretto, München

Das Werk einschließlich aller seiner Teile ist urheberrechtlich geschützt. Jede Verwertung,
die nicht ausdrücklich vom Urheberrechtsgesetz zugelassen ist, bedarf der
vorherigen Zustimmung des Verlages. Dies gilt insbesondere für Vervielfältigungen,
Bearbeitungen, Übersetzungen, Mikroverfilmungen und die Einspeicherung und
Verarbeitung in elektronischen Systemen.

© edition text + kritik im Richard Boorberg Verlag GmbH & Co KG, München 2017
Levelingstraße 6a, 81673 München
www.etk-muenchen.de
Satz: DOPPELPUNKT, Stuttgart
Druck und Verarbeitung: Kösel GmbH & Co KG, Am Buchweg 1, 87452 Altusried-Krugzell

INHALT

GRUSSWORT 7
VORWORT 8

1960/70er

Der erste Film	12
First Wave	14
ALABAMA (2000 Light Years)	16
Dark Spring	18
Leave me Alone – Why did you leave America?	20
Bolero	22
Heiße Luft	24
Weihnachtsmärchen	26
Sprich zu mir wie der Regen	28
Threnos – Ein Klagelied für die Opfer der Gewalt	30
Punk in London	32
Albert – Warum?	34
Der kostbare Gast	36

1980er

Tennessee Stud	40
Deutsche Welle	42
Die Nacht des Schicksals	44
Aufdermauer – Ein Film als Gnadengesuch	46
Das Arche Noah Prinzip	48
Der Krieg meines Vaters	50
Noblesse Oblige	52
Juan, als wäre nichts geschehen	54
STACHOVIAK!	56
Drei D	58

1990er

Step Across the Border	62
Das lachende Gewitter	64
About War	66
Abgeschminkt!	68
Angesichts ihrer fatalen Veranlagung scheidet Lilo Wanders freiwillig aus dem Leben	70
Surprise!	72
Der Tote vom anderen Ufer	74
Was nicht passt, wird passend gemacht	76
Die letzten Venezianer	78
Quiero Ser	80

2000er

Das Phantom	84
Karma Cowboy	86
Milchwald	88
Die Geschichte vom weinenden Kamel	90
Der Wald vor lauter Bäumen	92
Hat Wolff von Amerongen Konkursdelikte begangen?	94
Das Leben der Anderen	96
Milan	98
Cosmic Station	100
Desperados on the Block	102

2010er

Picco	106
Stille Wasser	108
Der Kapitän und sein Pirat	110
Der Wald ist wie die Berge	112
Nocebo	114
Nirgendland	116
Invention of Trust	118
Die HFF-Filme der Zukunft	120

ANHANG

Filmwissenschaftlicher Nachtrag	122
Abkürzungsverzeichnis	123
Personen- und Filmregister	126
DANK	135

GRUSS

Michaela Krützen
Unverschämt. Ein Grußwort

Synonyme: anmaßend, ausfallend, ausfällig, beleidigend, dreist, frech, gemein, respektlos, schamlos, ungehörig, ungezogen, unverfroren; ungebührlich, verwerflich; impertinent, insolent; fies; infam, unerhört; pampig, patzig; ausgeschamt, ausverschämt; rotzig; kodderig; krötig; ungebührend. (Der Duden, Bd. 8, Synonymwörterbuch)

Die Hochschule für Fernsehen und Film feiert in diesem Jahr ihr 50-jähriges Jubiläum – der Anlass zur Entstehung dieses Buches. In den Händen halten Sie aber keine Festschrift im üblichen Sinne, in der möglichst lückenlos alle Wegbereiter und Gestalter der Hochschule genannt, alle Erfolge und Preise aufgeführt, alle Umzüge und Innovationen beschrieben, alle Abteilungsgründungen und Berufungen geschildert werden. Gefeiert wird auf den folgenden Seiten vielmehr das, was die HFF im Kern ausmacht: Das sind die Filme unserer Studierenden! Gefeiert werden genauer gesagt 50 Filme aus 50 Jahren – fantastische und faszinierende Filme, aber eben „lediglich" 50 Filme. Diese stellen eine Auswahl aus rund 4.000 Titeln dar, die seit Anbeginn der HFF produziert wurden. Und die Zuspitzung auf eine so geringe Anzahl ist ganz offensichtlich eine Unverschämtheit.

Hunderte Filmemacher und Filmemacherinnen könnten monieren, dass ihre Produktion nicht vertreten ist. Sie mögen die jetzt vorliegende Auswahl womöglich mit den Synonymen bezeichnen wollen, die der Duden für das Wort „unverschämt" auflistet. Ungerechtigkeiten sind in das Konzept eingeschrieben. Und dass außerdem noch eine Auswahl an 50 Kommentatoren getroffen wurde, die uns ihren Blick auf die 50 Filme eröffnen, mag sogar die erzürnen, deren Produktionen unter den ausgewählten Titeln zu finden sind. Auch das könnten die Betroffenen als frech oder gar als unerhört empfinden.

Wer Vorwürfe wie diese formulieren möchte, der möge bitte bedenken, dass jede Geschichtsschreibung eine Auswahl trifft und damit auch Position bezieht; Vollständigkeit kann immer nur fahrlässig behauptet, nie aber eingelöst werden. Lediglich eine alphabetische Auflistung aller Titel, die jemals an der HFF gedreht wurden, wäre objektiv gewesen – und entsetzlich langweilig. Eine Liste zu verfassen, das kann nicht das Ziel von Geschichtsschreibung sein. Wer Geschichte schreibt, der muss sich für einen Zugriff entscheiden. Und so trifft auch dieses Buch eine Auswahl – legt dabei aber seine Kriterien offen und thematisiert seine Begrenztheit.

Für die Herausgeberinnen des Bandes war die Auswahl besonders schmerzlich. Sie haben in den vergangenen drei Jahren hunderte Filme aufgespürt und katalogisiert. Vor allem aber haben sich Juliane A. Ahrens, Judith Früh und Judith Westermann die Filme der HFF angesehen. Immer wieder wurden Karteikarten neu gruppiert, immer wieder die Kriterien überprüft. Wie ausgewogen sind die Gattungen vertreten, die Geschlechter, die Berufsgruppen, die Jahrgänge? Ist das Bild in seiner Gesamtheit stimmig?

Das Ergebnis dieser Arbeit, die mit einer Suche und der Datenerfassung begann, die eine zeitintensive Rechteabklärung umfasste, Dutzende Layout-Sitzungen und Hunderte Filmsichtungen beinhaltete, ist eine unverschämte Auswahl von Filmen aus den vergangenen 50 Jahren. Diese halten Sie jetzt in den Händen. Wenn Sie nach dem Stöbern in diesem Buch Lust bekommen sollten, einige Filme in der Retrospektive anzusehen, und wenn Sie gespannt sind auf die Produktionen, die noch entstehen werden, dann hat diese Schrift, die keine Festschrift ist, ihren Zweck erfüllt: die Filme der HFF zu feiern!

Juliane A. Ahrens, Judith Früh, Judith Westermann
Eine unverschämte Filmgeschichte

Die Lehre. Ein Jahr nach ihrer Gründung am 19. Juli 1966 nahm die Hochschule für Fernsehen und Film München ihren Lehrbetrieb auf. Am 7. November 1967 begann für den damals so benannten „A-Kurs" das Studium. Die möglichen Fachrichtungen waren „Film", „Information, Dokumentation und Bildung im Fernsehen" sowie „Künstlerische Produktion im Fernsehen". Während die letztgenannte Fachrichtung nach wenigen Jahren wieder eingestellt wurde, entwickelten sich Dokumentarfilm- und Spielfilmregie zu den Hauptabteilungen. Erst 1987 mit dem Umzug der Hochschule nach München-Giesing wurde mit „Produktion und Medienwirtschaft" ein dritter Studiengang geschaffen. Weitere Abteilungen kamen hinzu. Heute bildet die HFF an ihrem Standort in der Maxvorstadt in den folgenden Hauptstudiengängen aus: „Kino- und Fernsehfilm", „Dokumentarfilm und Fernsehpublizistik", „Produktion und Medienwirtschaft", „Drehbuch" und „Kamera".

Die Filme. In den vergangenen 50 Jahren wurden an der HFF rund 4.000 filmische Werke produziert: Kontroverse, politische, witzige, anklagende, traurige, persönliche Filme; Dramen, Komödien, Science-Fiction- und Horrorfilme, Western, Musicals, Werbespots, Reportagen, Porträts, Essays, Experimentalfilme, Mischformen. Diese Filme schreiben nicht nur eine Filmgeschichte der Hochschule fort, sondern die deutsche Filmgeschichte mit. Dieses Buch schreibt eine eigene Geschichte der HFF-Filme, wenn auch ohne Anspruch auf Vollständigkeit. Damit ist sie, wie überhaupt jede Geschichtsschreibung, zwangsläufig subjektiv, ungerecht, angreifbar, kurzum: unverschämt.

Die Suche. Aus der 50-jährigen HFF-Filmgeschichte 50 Filme auszuwählen – welch undankbare Aufgabe! Und welch dankbare dazu. Denn wer auswählen will, muss suchen und graben, Schätze heben in dunklen Archiven, verstaubten Büroecken und privaten Kellern. Schon seit 2004 ist es das Forschungsziel der HFF-Abteilung „Medienwissenschaft", sämtliche Produktionen, die jemals an der HFF hergestellt wurden, zu recherchieren und medienhistorisch zu kontextualisieren. Viele wiederentdeckte Filme wären vielleicht für immer verschollen. Wie froh sind wir über jeden Schnipsel Film, der erhalten ist! Filmrollen wurden restauriert, Beta-Kassetten aus ihrem Dornröschenschlaf geholt und VHS-Bänder reanimiert. Können wir all diese Schätze im vorliegenden Buch präsentieren? Sicher nicht. Hierfür verweisen wir auf die Publikationsreihe „Die Filme der HFF München", die sich ausführlicher mit den einzelnen Jahrzehnten auseinandersetzt.

Die Recherche. Dem wissenschaftlichen Anspruch, jede der oftmals widersprüchlichen Informationen zu den einzelnen Filmen zu verifizieren, musste auf unterschiedlichen Wegen genügt werden: Ob der Abspann eines Filmes oder die direkte Verifizierung durch Beteiligte – die Recherche zu den Mitwirkenden und den Produktionsverhältnissen der Filme erwies sich als sehr umfangreich. Ebenso verhielt es sich mit den weiteren filmbezogenen Angaben: Festivalteilnahmen, Preise und, sofern vorhanden, Inhaltsangaben. An einigen Stellen haben wir uns dafür entschieden, nicht-verifizierbare Einträge auszusparen. An anderen Stellen mögen uns – trotz akribischer Recherche – Fehler oder Auslassungen unterlaufen sein.

Die Kriterien. Jede Auswahl erfordert ihre eigenen Kriterien. So beschränken wir uns bei den hier präsentierten 50 Filmen auf die zwei produzierenden Studiengänge,

VORWORT

die sich seit dem ersten Jahr der HFF als Konstanten erwiesen haben: Spielfilm und Dokumentarfilm – wohl wissend, dass wir damit den anderen Abteilungen und Bereichen, die im Laufe der Jahre hinzugekommen sind, nicht die Aufmerksamkeit schenken, die sie verdient haben.

Grundsätzlich haben wir uns um Ausgewogenheit bemüht – sowohl in Bezug auf die Filmgattungen als auch die demografische Zusammensetzung der Beteiligten. Wir führen nur Gewerke auf, in denen die HFF im Rahmen eines Hauptstudienganges ausbildet. Funktionen, die von festangestelltem Personal der Hochschule ausgeübt wurden, klammern wir aus, auch wenn wir um den Wert dieser Arbeit wissen.

Ein weiteres Kriterium betrifft die historische Einordnung der Filme. Das genannte Jahr bezieht sich nicht zwangsläufig auf das Herstellungsjahr des Films, sondern auf das Jahr seiner Veröffentlichung bzw. seiner größten öffentlichen Resonanz. Die Aufmerksamkeit, die ein Film erfahren hat, war ein entscheidendes Kriterium bei der Auswahl. Jedoch nicht das einzige. Auch visionäre Stärke, Originalität und innovatives Potenzial haben als Kriterien die Auswahl maßgeblich beeinflusst.

Den engen Rahmen von 50 Filmen haben wir erweitert, indem wir für jedes Jahr auf einem fortlaufenden Zeitstrahl weitere HFF-Filme aufführen, die auf Festivals gezeigt wurden, Preise gewonnen haben oder im Fernsehen ausgestrahlt wurden. Dabei repräsentieren auch diese Filme nur einen Bruchteil des jährlichen Produktionsaufkommens der Hochschule.

Die Kommentare. Unsere Filmgeschichte besteht nicht nur aus 50 Filmen, sondern auch aus 50 Kommentaren von Absolventinnen und Absolventen der HFF. Wir haben sie gebeten, einen von uns für sie ausgewählten Film (an dessen Realisierung sie nicht beteiligt waren) zu sichten und zu kommentieren. Wir präsentieren somit 50 Filme der HFF durch die Augen ihrer Alumni. Unser Ziel war ein generationenübergreifender Blick: Wie sehen Alumni der Anfangsjahre die Filme von heute? Was denken die jüngeren über die HFF-Filme der frühen Jahre? Und wie setzen sie die jeweils gesichteten Filme zum eigenen Filmschaffen in Beziehung? So unterschiedlich die 50 Filme, so auch die 50 Kommentare: Bewundernd, kritisch, humorvoll, betroffen, persönlich.

Die Lücken. Die Studienjahre an der HFF verlangen Leidenschaft und Hingabe. Daran hat sich seit 1967 bis heute nichts geändert. Nicht immer wird ein solcher Einsatz belohnt. Viel zu selten ernten die Filme den Erfolg und die Wertschätzung, die sie verdienen. Zu oft geraten sie in Vergessenheit und werden auch hier nicht bedacht. Das ist der Preis, den wir bezahlen müssen, wenn wir uns, wie für diese Filmgeschichte geschehen, am schwirigen Kriterium des Erfolgs orientieren: Welche Filme haben seitens des Publikums große Resonanz erfahren? Welche wurden von der Kritik hochgelobt? Welche besaßen eine visionäre Stärke, die auch auf nachfolgende Filme abstrahlte? Zeigt die hier getroffene Auswahl die 50 besten Filme der HFF? Nein. Eine solche Auswahl kann es nie geben. Ist die Filmgeschichte, die wir hier schreiben, eine Art Erfolgsgeschichte? Gewiss. Ist sie die einzig mögliche Filmgeschichte dieser Hochschule? Gewiss nicht. So sehr diese vorliegende, höchst unverschämte HFF-Filmgeschichte bestimmte Produktionen in den Vordergrund stellt, offenbart sie zur selben Zeit auch ihre Lücken. Gut so! Denn sie ist nicht nur eine Geschichte erfolgreicher HFF-Filme. Sie soll zugleich auf all die anderen Werke neugierig machen, die hier nicht bedacht sind. Denn seit 50 Jahren schreiben die HFF und ihre Filme weit mehr als nur eine Geschichte.

1960/70er

DER ERSTE FILM

Fragment, Länge unbekannt, 16mm, s/w
Mitwirkung: Urs Aebersold, Ludwig Anschütz, Ingemo Engström, Hajo Gies, Michael Hild, Hannes Meier, Rüdiger Nüchtern, Bernd Schwamm und weitere Studierende des ersten Jahrgangs (A-Kurs) der Abteilung Spielfilm
Produktion: HFF München

Zwei alte Filmrollen im Filmarchiv der HFF. Beschriftung: „Der erste Film". Fragmente ohne Vor- und Abspann. Spurensuche: Ist dies tatsächlich der erste Film der HFF? Wir bitten zwei Absolventen um Hilfe.

Liebe Herausgeberinnen,

jetzt sind wir einen Schritt weiter: Das sind Aufnahmen aus dem Übungsfilm vom Frühjahr 1969. Mein Anteil: ARBOGAST resp. SCHWARZ-WEISS-FILM. Andere Bilder (Urs Aebersold am Steuer mit Ingemo Engström auf dem Beifahrersitz) verweisen auf die Kameraübung vom Sommer 1968.
Das Bild mit dem Mann vor dem Gewehr zeigt Rüdiger Nüchtern, der bei meinem Dreh nicht beteiligt war.

Die Rolle, die Sie entdeckt haben, scheint mehrere Drehs zusammengebracht zu haben.

Bei DER ERSTE FILM könnte es sich also um einen Zusammenschnitt handeln.

Gruß
Bernd Schwamm (A-Kurs/Abteilung Spielfilm)

© HFF München

1967

Benjamin Heisenberg über DER ERSTE FILM

1967

Die ersten zwei 16 mm-Arriflex-Kameras waren mittags geliefert worden und ein Pärchen aus dem A-Kurs hatte sich heimlich in die Kammer, die damals die Geräte beherbergte, einschließen lassen. Das Licht wurde gelöscht, Schritte und Stimmen verhallten, Stille senkte sich über die Hochschule, nur unterbrochen vom Dröhnen eines DKW-Geländewagens auf der Kaulbachstraße.

Das Mädchen und der Junge standen eng aneinander geschmiegt in einer schmalen Nische neben einem Geräteschrank. 1967 war ein heißer Sommer in München, und auch die noch junge Nacht war so warm, dass der Schweiß ihrer Körper sich mischte – so eng standen die zwei. Als Ruhe eingekehrt war, ließen sie atemlos voneinander ab, schalteten die mitgebrachte Taschenlampe ein und machten sich zu dem auf, weswegen sie eigentlich gekommen waren. Die Kamera war bald gefunden. Der dicke Kurt hatte die neuen Stücke prominent auf einem Regal platziert. Filmrollen fanden sie in einem Schrank: ORWO-Umkehrmaterial. Der Vater des Mädchens arbeitete beim Bayerischen Rundfunk. Er hatte ihr beigebracht, Filme im Dunkeln einzulegen. Sie schalteten die Taschenlampe ab. Und so, wie ihre Hände vorher die des Jungen gefunden hatten, fanden sie jetzt die Filmrolle, lösten das Klebeband, führten das Zelluloid um Rollen und kleine Hebel zurück auf die kleine schwarze Spule. Die Zähnchen der Arriflex hakten in die Perforation, sie schloss die Klappe und atmete zufrieden aus. Mit ein paar Drehungen war die Kamera aufgezogen, bereit zum Drehen.

Er küsste sie in der Dunkelheit, voller Erregung über das Mädchen, das die Kamera so zärtlich beherrschte.

Von innen ließ sich die Türe zum Gang öffnen. Sie schlich barfuß voran über die Holzdielen der neu gegründeten Schule, die eher einer großen Altbauwohnung glich. Ihr Plan war gewesen, zwei kleine Krokodile zu filmen, die in einer Tierhandlung in der Amalienstraße im grell erleuchteten Schaufenster schliefen, wie zwei prähistorische Aliens. Das Licht würde ausreichen und ihr Spiegelbild im Schaufenster wäre ein Beweis für ihre Urheberschaft des ersten (illegalen) Films der neuen Hochschule gewesen. Aber es kam anders. Hinter ihnen wurde feuchtes Husten hörbar, nicht nah, aber nah genug, um eilig zu werden. Sie hastete voran. Das Foyer war nicht groß, weil es direkt an die noch improvisierte Cafeteria anschloss. Ein findiger Innenarchitekt hatte die Doppelnutzung mit einem mondänen Raumteiler aus hohen Bambusstangen möglich gemacht. Sie war schon fast durch die Türe zum Treppenhaus verschwunden, als sie das rumpelnde Geräusch und den unterdrückten Schrei hinter sich hörte. In der Furcht krampften sich ihre Hände um die Kamera, um den kleinen silbernen Hebel, der die Aufnahme auslöste. Das Herzklopfen in ihren Ohren übertönte die Geräusche des Getriebes, denn der Lichtkegel ihrer Taschenlampe lag auf dem gefallenen Freund, der sich nicht mehr regte, während die Schritte des Fremden sich näherten.

So entstand der erste Film der Hochschule für Fernsehen und Film München, von dem lange behauptet wurde, er sei gestellt und inszeniert worden. Dabei dokumentierte er lediglich einen Moment aus Angst, studentischer Revolte, Schwabinger Liebe und Zufall.

7.11.1967: Aufnahme des Lehrbetriebs an der HFF München

FIRST WAVE

Experimentalfilm, 10 min, 16mm, s/w
Regie: Matthias Weiss
Kamera: unbekannt
Produktion: HFF München

Eine Zimmerdecke, viele Gitarristen und ein Brettspiel.

Stille. Titel: FIRST WAVE, von Hand geklebt. Das Bild öffnet sich langsam aus der Ecke eines leeren Zimmers heraus, Tapetenreste an der Wand, Holzfußboden. Immer noch Stille. Nach zweieinhalb Minuten Schnitt. Der Regisseur Matthias Weiss steht vor einer Wand, Mikro in der Hand. Er liest von einem Zettel ab: „Dieser Film ist gewidmet: Mick Abrahams, Jeff Beck, Elvin Bishop, Mike Bloomfield, Eric Clapton, Peter Green, Luther Grosvenor, Jimi Hendrix, Alvin Lee, Rory Gallagher, David O'List, Jimmy Page, Kim Simmonds, Jeremy Spencer, Henry ‚The Sunflower' Vestine, Mick Taylor, Stan Webb, Steve Winwood, John Whitney sowie dem jungen Gitarristen von Jon Hiseman's Colosseum und dem Medium, das sie alle verbindet: der verstärkten Gitarre als Bluesinstrument." Er geht zu einem Tisch, an dem eine Frau und ein Mann sitzen, über ein Brettspiel gebeugt. Weiss stellt das Mikro auf den Tisch und tritt ab, die beiden spielen weiter, unterhalten sich leise über das Spiel. Ein junger Mann (Wim Wenders) setzt sich nach einer weiteren Minute hinzu und verliest: „Sie haben nur vier Stücke gespielt, aber diesmal jedes über 20 Minuten. Manchmal schien Clapton zu versuchen, einen Weg zu finden durch irgendeine Schranke, die er nicht bestimmen konnte – als ob seine musikalische Sprache seinen Vorstellungen nicht mehr dienen könnte." Er legt den Zettel beiseite, greift sich einen Würfel und spielt mit, weitere zweieinhalb Minuten. Schwarzbild.

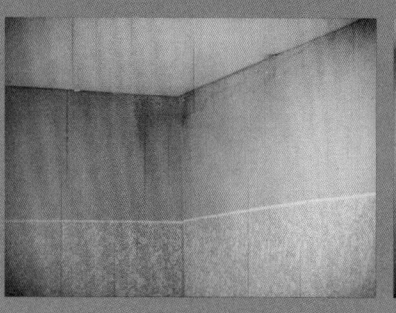

© HFF München

1968

Bettina Brokemper über FIRST WAVE

1968

Als man mich fragte, ob ich anlässlich des bevorstehenden Jahrestages einen Beitrag zur Jubiläumsschrift verfassen würde, war ich gleich bereit, denn Ausgangspunkt dieser Rückschau sollte ein 1968 gedrehter, lange verschollen geglaubter und nie auf Video umkopierter Kurzfilm von Matthias Weiss aus den Kindertagen der HFF sein.

Mit FIRST WAVE haben die Herausgeberinnen einen Bezug gewählt, der dank seiner Deutbarkeit über sich hinausweist. Ist es doch nicht nur der Titel dieses wiederentdeckten Films, sondern markiert er gleichzeitig auch den Beginn der Hochschule und benennt – ganz programmatisch – die erste Jahrgangswelle der Absolventen. Der minimalistisch aus drei Szenen bestehende Film weckt meine Erinnerung an das, wofür die Hochschule steht: Einerseits Experimentierfeld und Spielwiese zu sein, andererseits professionelle Ausbildungseinrichtung, in der nicht nur die Handhabung des produktionstechnischen Equipments gelehrt wird, sondern auch erzählerisches Handwerk auf dem Lehrplan steht und filmhistorisches Wissen vermittelt wird.

Durch die ersten Szenen fühle ich mich erinnert an das, was bei uns als Übungsfilm Jahre später JACK AND BILL hieß: das breitgefächerte Spektrum filmtechnischer Fingerübungen wie Kamerabewegungen, Tonpegelung, Bildschärfe und Kadrierung. Wenn in der letzten Szene drei Menschen ein Brettspiel spielen, freut man sich über das Entdecken eines jungen Wim Wenders.

Auch wenn mir vielleicht das richtige historische Verständnis fehlt, um zu dechiffrieren, wofür eine Zimmerdecke in der zweiten Hälfte der 1960er Jahre gestanden hat oder worin der tiefere Sinn einer mündlichen Auflistung von berühmten Gitarristen liegt, so steht FIRST WAVE doch für mehr als bild- und tontechnische Testaufnahmen, sondern erinnert an die vielen namhaften Künstler, deren kinematografische Kinderschuhe in der HFF stehen und die von München aus in die Welt zogen und zu anerkannten Repräsentanten des Kinos „Made in Germany" geworden sind.

ALABAMA (2000 LIGHT YEARS)

Kurzspielfilm, 21 min, 35mm, s/w
Buch & Regie: Wim Wenders
Kamera: Wim Wenders, Robby Müller
Produktion: HFF München

Weil ein Fahrer seinen Auftrag, einen Mann zu erschießen, nicht richtig ausführt, müssen er und seine Freunde dran glauben.

FESTIVALS
FILMWOCHE MANNHEIM
HOFER FILMTAGE
FRANKFURTER FILMSCHAU
KURZFILMTAGE OBERHAUSEN
FILM FESTIVAL ROTTERDAM
...

Ein Mann von hinten (Paul Lys). Er betritt einen Raum mit Jukebox und Spielautomat (die Schwabinger Kultkneipe „Kleiner Bungalow").
Personen mit Sonnenbrillen und/oder Ledermänteln (Werner Schroeter, Peter Kaiser, Muriel Werner, King Ampaw, Christian Friedel), schweigend, rauchend, vor sich hin starrend.

Es fallen die einzigen Sätze des Films: „Du weißt, was du zu tun hast?" – „Ja." – „Wann bist du zurück?" – „In zwei Stunden."
Davor und danach: Autofahrten durch München und das Umland, Blicke auf eine belebte Straße. Mehrere Tote und ein Sterbender, der zu den Klängen von Jimi Hendrix' *All along the Watchtower* zusammenbricht.

© HFF München/Wim Wenders & Robby Müller

1969

Tim Fehlbaum über ALABAMA (2000 LIGHT YEARS)

1969

Eine mysteriöse Revolver-Übergabe in einer Salon-mäßigen Kneipe. Ein Dylanesquer Mann am Steuer eines Autos in der Over-shoulder. Eine Jukebox in dunklem Raum. Dazu Songs von Hendrix, Dylan und den Stones.

Wenders schien schon damals davon überzeugt, dass die Narration nicht zu viel von der Wirkung des Bildes an sich wegnehmen darf. Ein Bild muss für sich stehen, ohne gezwungenermaßen zu etwas anderem zu führen. Eine Geschichte im klassischen Sinne gibt es also nicht. Vielmehr ist ALABAMA ein 20-minütiger musikalischer Trip.

„Es geht um den Song *All Along the Watchtower* und darüber, was passiert und was sich verändert, wenn Bob Dylan das Lied singt oder Jimi Hendrix", so Wenders über seinen Studentenfilm von 1969.

Erstaunlich ist, wie sehr „Wenders" dieses Frühwerk bereits ist: Nicht nur durch den Road-Movie-Charakter und den Stellenwert der Musik ... es ist die gewisse Film-noir-Atmosphäre und ein Western-Spirit, ein Gefühl, das sich einzig beim Betrachten von Wim-Wenders-Filmen einstellt.

Und vor allem ist ALABAMA unglaublich „cool" – und zwar im Sinne von Michael Althens Definition dieses Wortes: „Cool ist keine Temperatur und auch kein Gefühl. Wenn es überhaupt etwas ist, dann ist es eine Haltung. (…) Cool setzt den Einzelnen gegen die Vielen und die Form gegen den Inhalt. Die Welt fragt ‚Was?', Cool antwortet ‚Wie!'."

> **Die Filme von Wenders verleihen jenen Augenblicken Dauer, die in den schönsten Western oder Musicals immer nur Sekunden währen, die Hollywood und Cinecittà immer nur zulassen als Zwischenspiel, ehe Leistung der Lust ein Ende bereitet.**
> (Die Zeit 1.8.1969)
>
> **In ALABAMA (2000 LIGHT YEARS) hat Wenders die Verbindung von Bild und Musik vordergründig thematisiert: Das Sterben eines Beat-Fans wird identisch mit dem Ausblenden der vorher überlauten Musik sowie mit dem Verlöschen des Bildes.**
> (FAZ 27.11.1970)

KASPAR HAUSER
Filmwoche Mannheim

DARK SPRING

Essayfilm, 92 min, 35mm, color
Buch & Regie: Ingemo Engström
Kamera: Bernd Fiedler
Produktion: HFF München

Wie ist das Leben als Frau und wie könnte es sein? Im ständigen Wechsel von Fiktion und Dokumentation werden Vorstellungen und Wünsche unterschiedlicher Frauen gezeigt.

FESTIVALS

FILMWOCHE
MANNHEIM
...

Eine Frau (Ingemo Engström), frisch geschieden, trifft sich mit einem Mann (Gerhard Theuring), fährt mit ihm durch München und ins Umland. Lange Einstellungen, kaum Dialog.
Mehr ist aus ihren Begegnungen mit anderen Frauen (Ilona Schult, Irene Wittek, Edda Köchl, Klara Zet/ Katrin Seybold u. a.) in langen, dokumentarischen Erzählungen zu erfahren. Sie sprechen über sich, über ihre Liebesverhältnisse, über mögliche Formen des Zusammenlebens und über ihre Überzeugungen.

Eine der Frauen sagt zu Beginn, „dass ich es unheimlich entscheidend finde, dass Frauen Filme machen. Uns werden dauernd Steine in den Weg gelegt". Dazwischen sind ausgedehnte, lyrische Einstellungen, tableaux vivants, zu sehen.
Die Plädoyers für ein anderes Leben münden in ein offenes Ende.

© HFF München/Bernd Fiedler

1970

DER PARADIESGARTEN
Filmfestival Rotterdam Antwerpen

Felix von Poser über DARK SPRING

1970

DARK SPRING ist ein sehr ungewöhnlicher Film. In einer Mischung aus Interviews, essayistischen Elementen und narrativen Sequenzen erzählt er vom Wunsch, eingefahrene Lebensweisen, wie etwa die Zweierbeziehung, aufzulösen und zu neuen Lebensmodellen überzugehen.

Der narrative Teil erzählt die Geschichte einer Frau, die sich durch die Trennung von ihrem Mann und die Kündigung ihres Jobs aus ihrem bisherigen Alltag lösen und in ein neues Leben treten will. Der Film endet mit dem Scheitern ihrer Bemühungen – so zumindest meine Interpretation der teils fast David-Lynch-haften Bilder und des sehr offenen Endes.

Unterschnitten werden die narrativen Elemente mit unterschiedlichen medialen Eindrücken, Buchausschnitten, Bildern von Fotoshootings, Lesungen, Comicstrips und mit Interviews von zahlreichen Frauen, die jeweils ihre ganz eigene Sicht auf die Emanzipation, das Aufbrechen der Zweierbeziehung und das Leben in Kommunen haben.

Nie ist ganz klar, an welcher Stelle die Fiktion endet und das Dokumentarische beginnt. Trotzdem stellt sich die Frage der Authentizität nicht, jede einzelne Aussage und jeder Moment ist glaubhaft. Authentisch werden die Interviews meiner Meinung nach auch dadurch, dass einige Frauen unsicher mit ihrer Meinung zu sein scheinen, häufig stocken und sich bei den sichtlichen Bemühungen, über ihre Lebens-Utopien zu sprechen, auch selbst hinterfragen.

Die mir bis dahin unbekannte Regisseurin Ingemo Engström ist Absolventin des allerersten HFF-Jahrgangs und DARK SPRING für mich ein Film, der wunderbar beispielhaft steht für mein Bild der politischen Ausrichtung der HFF in ihrer Gründungszeit. Eine Ausrichtung, die genau das war, was das deutsche Kino seinerzeit gebraucht hat.

> **Die interessanteste Leistung des Films besteht darin, das Lebensgefühl einer Generation (das heißt der Mädchen dieser Generation) zu zeigen, dessen Merkmal der Schwebezustand zwischen einer rationalen Gesellschaftskritik und einem nicht völlig erklärbaren emotionalen Bereich ist.**
> (FAZ 9.10.1970)

ZEHN JAHRE DANACH
Filmwoche Mannheim

GANGSTER
Frankfurter Filmschau

LEAVE ME ALONE – WHY DID YOU LEAVE AMERICA?

PREISE
FESTIVAL DU JEUNE CINÉMA TOULON
...

Essayfilm, 128 min, 16mm, color
Buch & Regie: Gerhard Theuring
Kamera: Gerhard Theuring
Produktion: HFF München

Ein Film über Amerika, wie es sich in der Musik und in Bildern aus Amerika darstellt. Ein amerikanischer Film, weil wir alle in Amerika leben, gedreht in München.

FESTIVALS
BERLINALE
FILMWOCHE MANNHEIM
...

Ein Mann sitzt auf dem Gehweg vor einem Grundstück mit einem Lagergebäude. Davor eine Straße, Kopfsteinpflaster, Eisenbahnschienen, ein Auto fährt von rechts nach links durchs Bild, dann ein LKW in die Gegenrichtung. Der Mann streichelt einen Zaun. Eine Wohnung. Durchs Fenster sieht man den Münchner Olympiaturm im Bau. Wieder das Lagergebäude, der Mann, der den Zaun streichelt, dieses Mal mit roter Jacke bekleidet. Ein Foto, groß im Bild, mit zwei Frauen an einem Fenster. Eine Straße mit Kopfsteinpflaster, im Hintergrund ein Bundesbahn-Betriebsgelände, links das Heck eines VW-Käfer im Bild. Ein Mann – derselbe wie am Anfang? – streichelt das Kopfsteinpflaster. Von rechts kommt ein Auto, biegt auf das Gelände ab. Der Mann streichelt immer noch.
Bisher vergangene Zeit: sieben Minuten.

© HFF München/Gerhard Theuring

1971

VON DEN LEHRJAHREN, DIE SCHON JAHRE FÜR DIE HERREN SIND
FBW-Prädikat „wertvoll"

Anno Saul über LEAVE ME ALONE – WHY DID YOU LEAVE AMERICA?

1971

LEAVE ME ALONE wäre heute etwas, das man in Galerien oder Museen finden würde: über zwei Stunden Hardcore-Entschleunigung durch minutenlange Einstellungen von Straßen und vorbeifahrenden Autos zu amerikanischer Musik.

Aufblende – Abblende, dann Aufblende in exakt die gleiche Einstellung mit gleicher Handlung: im Kopierwerk dreimal kopiert, um sie im Schneideraum dreimal – hier und da in unterschiedlicher Länge – hintereinander zu montieren. Manchmal aber auch neu inszeniert oder einfach im Kontinuum weiterlaufen gelassen, Abblende – Aufblende, fast nie Schnitt. In den Straßenbildern – meist Totalen – findet man oft eine Person, die auf dem Boden kauert, hockt, kniet, weit weg. Oder die Kamera fährt in einem atelierhaften Raum sehr langsam nach rechts oder links, meist ohne Schwenk. Fast immer im Raum ein Mann mit Kopfhörer im Schattenriss. Manchmal sind noch andere anwesend, eine vom Balkon winkende Frau, oder jemand, der an der Wand neben dem Fenster lehnt und nach draußen schaut.

Auf der Tonebene keinerlei O-Ton, nur rauschhafte, leise Atmos, die sich assoziativ an die Bilder anlehnen. Das einzig klar Hörbare sind amerikanische Songs. Immer in voller Länge, manchmal auch zweimal hintereinander derselbe. Musik von Faces, Jimi Hendrix, MC5 und immer wieder Van Morrison: *Madame George*, *Brand New Day*, *Street Choir*.

Durch die Repetition der Sequenzen fährt man innerlich runter, gleitet in die Songs hinein und beginnt, den Wiederholungen der Sequenzen zu misstrauen und nach kleinen Änderungen darin zu suchen. Und so kommt man in eine Art Meditation, Hingabe, Kopfentleerung. Außerdem spielen Autos eine zentrale Rolle: fahrende und parkende Autos, Autofriedhöfe, Autowracks, eine fast vollständige Bestandsaufnahme deutscher Autos dieser Zeit.

Mittendrin eine Sequenz wie eine Installation: sechsminütige Rechtsfahrt der Kamera: Wir schauen auf einen Waldstreifen vor einem See. Darin Menschen drapiert wie Skulpturen. Wir fahren an einem blauen Schild in Pfeilform mit der Aufschrift „Kiosk mit WC" vorbei, in die Richtung zeigend, in der die Kamera fährt. Dazu *Madame George* von Van Morrison in voller Länge. Den Kiosk erreichen wir nie.
Selbst dieser Film hat Humor.

> **Anders als bei Antonioni, der aus diesem Sujet einmal BLOW UP machte, scheint hier Photographisches wirklich gefilmt und Film wie alte, sich verdunkelnde Photos belichtet.**
> (Filmkritik 9/1979)
>
> **In LEAVE ME ALONE sind zu erkennen: Körperhaltungen, Geisteshaltung, Seelenzustand, Wünsche einer Zeit.**
> (Nachtblende 13/1998)

FILM FÜR CHEYENNE
Filmwoche Mannheim

BOLERO

PREISE
FILMWOCHE MANNHEIM

LEIPZIGER DOKUMENTAR- UND KURZFILM- WOCHE
...

Dokumentarfilm, 17 min, 16mm, s/w
Buch & Regie: Ursula Schnaus, Johannes Gulde
Kamera: Johannes Gulde
Produktion: HFF München

Eine Kompilation aus Nachrichtenbeiträgen zum Krieg in Vietnam, kontrastiert mit zeitgenössischen Bildern des städtischen Lebens in München.

Amerikanische Soldaten, die mit Orden ausgezeichnet werden. Arbeiterinnen im Reisfeld. Vietnamesische Menschen bei alltäglichen Verrichtungen – Mehl sieben, essen. Schlafende Kinder. Ein gewaltiger Flugzeugträger mit startenden Kriegsflugzeugen. Kuhgespanne neben Armeejeeps. Auffahrende Panzer, durchs Gelände marschierende Soldaten. Entlaubte Wälder. Foltern eines vietnamesischen Kämpfers.

Kampfszenen, Explosionen, schreiende Menschen, zerstörte Dörfer. Tote, zu Haufen geschichtet. Ausschnitte aus dem amerikanischen Fernsehprogramm. Eine Modenschau. Frauen mit Schmuck. Gesichter zu Tode geprügelter Kinder. Autos im Stau. Blutende Demonstranten werden von der Polizei weggeschleift. Passanten im U-Bahn-Zwischengeschoss am Münchner Marienplatz.

© HFF München/Johannes Gulde

1972

SUMMER IN THE CITY
Premiere in Hamburg

Uisenma Borchu über BOLERO

1972

„Ich bin stolz auf meine Nationalflagge und singe immer mit. Wenn ich meine Hand an mein Herz führe und die Worte aus voller Brust ertönen, dann wird mir vor Stolz so bang und fast verliere ich eine Träne. Doch ich reiße mich zusammen."

„Meine Eltern haben mich in Wohlstand geboren, später habe ich meine Jugend in Ignoranz verbracht. Ich kann mich nicht beschweren. Wir sind ganz besondere Menschen. Wenn ich an all die Dreckschweine denke, die unser Land als Fluchtziel betrachten, bekomme ich das kalte Kotzen."

„Frustrierte Menschen machen Aufstände. In meiner Jugend hatte ich, was ich wollte. Meine Eltern haben hart gearbeitet. ‚Wo ein Wille ist, ist auch ein Weg, du kriegst im Leben nichts geschenkt'. Ich spare für meine Lebensträume. Schnelleres Auto, schöneres Haus, vielleicht noch 'ne Weltreise – wer weiß? Ich bin offen für alles. Mein Leben ist ein bunter Freizeitpark. Mein Schicksal wird von mir bestimmt. Wenn mir etwas nicht passt, ändere ich es aus eigener Kraft. Da brauche ich keine Steine auf der Straße zu werfen, oder Schilder mit ‚Stoppt den Krieg' zu halten."

„Ehrlich gesagt ist für mich Krieg so weit weg. Toi Toi Toi!"

„Es ist schrecklich, was man im Fernsehen sieht. Ich mag nicht sehen, wie Menschen abgeschlachtet werden. Ich habe meine eigenen Probleme."

„Aber die Welt braucht Ordnung. Ich glaube an Frieden durch Krieg. Jetzt, Jahrzehnte später geht es doch Vietnam gut. Ich möchte bald auch mal nach Saigon. Ein Traum von mir ... so ganz nebenbei bemerkt."

„Die BOLERO-Musik unterstreicht die große Entwicklung der Menschheit. Die Soldaten verdienen ihre Auszeichnung. Respekt! Allerdings muss man auch erwähnen, dass die brutalen Bilder von toten Asiaten oder der vor Angst wimmernden Großmutter vielleicht das Bild verzerren. BOLERO unterstreicht die Schönheit der Menschen, so pompös und unbesiegbar wir sind, doch zum Ende sieht man immer wieder die Aufständischen, die Unruhe in unser Land und letztendlich in unser Leben bringen. Da kann man die BILD-Überschrift von 1972 schon verstehen: ‚Anständige Bürger wollen endlich in Ruhe leben'."

MÄDCHENPENSIONAT
Festival del film Locarno

DER KLEINE SOLDAT
Filmwoche Mannheim

HEISSE LUFT

Kurzspielfilm, Komödie, 18 min, 35mm, color
Buch & Regie: Werner Penzel
Kamera: Konrad Kotowski
Produktion: HFF München

Zwei abgewrackte Männer um die 30 philosophieren über Bier, Pferderennen, Knast, Geld, Sex und Frauen.

Zwei Männer (Michael Gempart, Rick Gardner) sitzen Hähnchenknochen abnagend an einem niedrigen Tisch. Leere Bierdosen, ein überquellender Aschenbecher. Dialoge mit vollem Mund. Erster Satz: „Die Toten haben gewonnen." Sie sprechen über Fußball, Pferderennen und „schlaffe Dinger zwischen den Beinen". In den Gesprächspausen werden weitere Bierdosen geöffnet. Straßengeräusche dringen durch das offene Fenster. „Wir wollen ja nicht ungerecht sein. Es gibt schon ein paar ganz dufte Weiber. Doch, wirklich." Pausen. „Das Bier wird auch immer beschissener." Rauchen, trinken. „Sitzen eigentlich immer die Richtigen im Knast oder immer die Falschen?" Großaufnahme eines Gesichts, die Zigarette wird tief inhaliert, der Rauch langsam ausgeblasen. „Du warst doch auch einmal im Knast. Wie ist das eigentlich?" Es folgt eine Erklärung der Gefängnishierarchie. Der Pornoproduzent ist weit oben, der Exhibitionist weit unten. Nach 14 Minuten das erste Mal Musik. Schließlich der Griff zum Telefon: „Claudia? – Ah ja, Claudia. – Hans. Hans Schleweg. Erinnerst du dich nicht mehr? Fasching auf dem Ball der Frauen. War ne ziemliche Nacht. Doch, ich mag dich schon, natürlich mag ich dich." Das Gespräch dauert drei Minuten. „Ok, bis dann, Schätzchen. Tschüss!"

© HFF München/Konrad Kotowski

1973

Marcus H. Rosenmüller über HEISSE LUFT

1973

Werner Penzel war mir nur durch die beiden Filme STEP ACROSS THE BORDER und MIDDLE OF THE MOMENT, die er zusammen mit Nicolas Humbert realisierte, ein Begriff. Poetische Filme, die für einen vom amerikanischen Mainstream und bayerischen Serien gefütterten Anfänger eine Herausforderung waren – aber eine wichtige und gute.
HEISSE LUFT ist ein Kammerspiel, der ganze Film spielt in einem Zimmer. Die wichtigste Kameraeinstellung ist eine Totale. Sie zeigt uns zwei meist abfällig über Frauen redende, Dosenbier trinkende und Zigaretten rauchende Männer. Es geht einigermaßen derb und offen in ihrer Unterhaltung zu – viel Gesagtes erscheint titelgebend „heiße Luft" zu sein. Und doch verstecken sich in den Dialogen schöne Wahrheiten. Ein Dialogfetzen blieb mir in Erinnerung. Einer der beiden Männer meint, er bräuchte dringend eine Frau, denn er beginne schon davon zu träumen „Hühner in den Arsch zu ficken". Sein Freund antwortet: „Geht das denn?", und er erwidert: „Wenn man träumt, geht alles". Nun sinniere ich, was uns Werner Penzel sagen wollte und deute es für mich folgendermaßen: Vielleicht war es ein Spiegelbild der Zeit. Ende der 1960er, Anfang der 1970er, in manchem Milieu halbgare philosophische Ansätze, möchtegern-sexuelle und -gesellschaftliche Revolution, scheinbare Freiheiten und dann doch einknicken vor den simplen Bedürfnissen.
Was im Vergleich zu meiner Hochschulzeit absolut anders ist, ist die technische Herangehensweise. Ich habe nahezu keinen Satz in einer Einstellung gelassen, da ich Angst hatte, den Zuschauer damit zu langweilen. In jeder Szene habe ich mit allen mir zur Verfügung stehenden filmischen Mitteln versucht, die Gunst des Zuschauers zu gewinnen. Musik, Kamerafahrten, Geräusche – alles wurde bei mir zugeballert. Alles „heiße Luft".
Wenn ich mir Werner Penzels Film anschaue, merke ich, wie wenig davon nötig ist, um dran zu bleiben! Es reicht halt doch die Einstellung des Regisseurs.

ASTRAL – BLACK MAGIC – MUSIC IS CONNECTION
Filmwoche Mannheim

MANDRAX MÄRCHEN – DER TOD DES JUNGEN ZAUBERERS
Hofer Filmtage

WEIHNACHTSMÄRCHEN

Spielfilm, Drama, 45 min, 16mm, s/w
Buch & Regie: Bernd Eichinger
Kamera: Bernd Heinl
Produktionsleitung: Sabine Eichinger, Mike Wiedemann
Produktion: HFF München

Ein Gangster flieht quer durch Deutschland, von Hamburg bis zum Bodensee. Von seinen ehemaligen Komplizen gestellt, muss er sich entscheiden: Geld oder Freiheit?

FESTIVALS

HOFER FILMTAGE
...

Ein Mann (Bernd Eichinger) geht in Hamburg von Bord eines Schiffes und leiht sich einen VW-Bus. Bereits am Hafen heften sich zwei miteinander Englisch sprechende Männer (Marquard Bohm, Hans Altmann) an seine Fersen. Sie verfolgen ihn auf Schritt und Tritt, durch Städte, vorbei an Flughäfen und Bahnhöfen, um zu erfahren, wo er gemeinsam erbeutetes Geld versteckt hat. Der Mann flieht vor ihnen mit einer Tramperin (Rike Rupp) im Schlepptau – eine lange Fahrt auf der Autobahn quer durch die Bundesrepublik.

In Koblenz besucht der Mann seine Mutter. Er war in Amerika, jetzt muss er nochmals einige Tage „wohin". Nachdem er wieder verschwunden ist, dringen seine Verfolger in das Haus der Mutter ein und nötigen sie, den Aufenthaltsort ihres Sohnes preiszugeben. An einem Kanal können sie den Mann endlich stellen. Doch der weigert sich, das Versteck der gemeinsamen Beute zu verraten – trotz dem Drängen der Tramperin. Die Verfolger entführen den Mann in einem Auto. Sie bleibt allein zurück.

© HFF München/Bernd Heinl

1974

ABSTELLGLEIS
Oberhausen: Preis der Filmothek der Jugend

FUCHSMÜHL
Solothurner Filmtage

Uli Putz über WEIHNACHTSMÄRCHEN

1974

Zugegebenermaßen war WEIHNACHTSMÄRCHEN für mich ein aus heutiger Sicht fremdes und zuweilen sogar skurriles Seherlebnis. Aber was hatte ich mir eigentlich erwartet? Immerhin hatte ich ein Frühwerk von Bernd Eichinger zur Begutachtung zugeteilt bekommen. Eine Produzentenfigur, die auch meine Generation maßgeblich geprägt hat und die für uns omnipräsent war – zuerst in der Filmhochschule als einer, der es schon „geschafft" hatte, dann im späteren Berufsleben durch Begegnungen in unserer gemeinsamen Filmstadt München und als Partner bei der Verleiharbeit.

Das weckt eine gewisse Erwartungshaltung und flößt Respekt ein. Ich wäre nicht erstaunt gewesen, schon einen Film mit der Qualität, der Perfektion und dem Willen zum kommerziellen Erfolg der späteren Eichinger-Produktionen zu sehen. WEIHNACHTSMÄRCHEN kommt dann aber doch eher spröde und rätselhaft daher und ist mit heutigen Maßstäben schwer zu bemessen. Formal ist der Film für unsere Sehgewohnheiten aufgrund der damals üblichen Erzählgeschwindigkeit und Schnittfrequenz eher sperrig und wirkt streckenweise langatmig. Aber er spiegelt die filmische Arbeitsweise zum Beginn des Deutschen Autorenfilmes anschaulich wider.

WEIHNACHTSMÄRCHEN ist ein Gangsterfilm. Dass Eichinger sich dieses damals angesagte Genre ausgesucht hat, zeigt sein Gespür für Zeitgeist. Diese Fähigkeit, zielsicher zu erkennen, was gerade cool ist, zieht sich durch sein ganzes filmisches Schaffen und ist sicherlich einer der Schlüssel für seine späteren Erfolge. Damals wie heute sind die Studienjahre an der HFF ein Lebensabschnitt, in dem man enge Bindungen zu Kommilitonen knüpft, welchen man sich menschlich und kreativ verbunden fühlt. Im späteren Arbeitsleben sind diese Kontakte nicht wegzudenken. Schön zu sehen, dass Bernd Eichinger bereits bei diesem frühen Studentenfilm eine künstlerische Partnerschaft mit Uli Edel gefunden hat, hier als Regieassistent tätig, aus der Filme wie CHRISTIANE F., LAST EXIT BROOKLYN, DER BAADER MEINHOF KOMPLEX oder auch ZEITEN ÄNDERN DICH hervorgegangen sind.

HUCKINGER MÄRZ
Filmwoche Mannheim

KONRAD
Förderpreis des Wirtschaftsverbandes der Filmtheater NRW

SPRICH ZU MIR WIE DER REGEN

Kurzspielfilm, Melodram, 16 min, 35mm, color
Künstlerische Leitung: Douglas Sirk, Hajo Gies; Kamera: Dietrich Lohmann; Mitwirkung: Bruno Bollhalder, Willy Brunner, Violetta Feix, Friedrich Kappeler, Hans Peter Scheier, Johann Schmid, Otto Wirsching, Jürgen Wöhrle und weitere Studierende des Jahrgangs 1973 (E-Kurs) der Abteilung Spielfilmregie
Produktion: HFF München

Regen, der die Fensterscheibe hinunterläuft. Ein Mann, eine Frau, der verzweifelte Versuch, sich zu erinnern, und der Traum von einem anderen Leben.

FESTIVALS
FESTIVAL DEL FILM LOCARNO
SOLOTHURNER FILMTAGE
HOFER FILMTAGE
FILMTAGE MÜNCHEN
DUISBURGER FILMWOCHE
GRENZLAND-FILMTAGE SELB
…

In einem kargen Zimmer, nur mit dem Allernötigsten ausgestattet, sitzt eine Frau (Renate Reger) am Fenster und fächelt sich Luft zu. Ein Mann (Christian Quadflieg) liegt im Bett. Er kommt zu sich, schwitzt, fragt nach der Uhrzeit. Ihre Antwort: „Es wird schon dunkel". Der Mann versucht, sich an seine mehrtägige Sauftour durch die Stadt zu erinnern. Sie hat ihn gesucht, hat ohne Essen und Geld im Zimmer auf ihn gewartet. Ihr blieb nur „Wasser und Nescafé". Im Radio läuft Elvis Presley, sie erzählt von ihrem Traum, alleine weg zu gehen und ein Leben in Reichtum und Ruhe zu führen: „Die Falten in meinem Gesicht werden verschwinden, meine Augen werden nicht mehr entzündet sein (…) Ich werde mich nicht mehr erinnern, wie es ist, auf jemand zu warten, der vielleicht gar nicht mehr kommt." Schließlich er: „Komm zurück ins Bett. Komm zurück ins Bett, Baby!"
Sie zögert.

© Dietrich Lohmann (siehe filmwissen-

1975

Z. B. GESCHIRRHERSTELLUNG
Kurzfilmtage Oberhausen

AUFSTAND DER HASEN
Cinéma d'animation Annecy

ZWISCHEN LAND UND MEER
Semana de Cine Naval y del Mar Cartagena

VOR DEM START
Sportfilmfestival Oberhausen

Caroline Link über SPRICH ZU MIR WIE DER REGEN

1975

SPRICH ZU MIR WIE DER REGEN – der poetische Titel lässt vermuten, dass dieser Film keinen besonderen Wert auf puren Realismus legt.

Tennessee Williams hat diesen Einakter 1953 geschrieben. 1975 hat Douglas Sirk eine 16-minütige Regieübung mit acht Studenten der HFF München daraus gemacht. In Williams' Texten geht es oft um Vereinsamung, Erfolglosigkeit und Gewalt in einer konsumorientierten Welt, um die Sehnsucht nach einem einfachen, aber erfüllten Leben.

Sirk, den Wim Wenders als den „Dante der Soap Opera" bezeichnet hat, liebte große Gefühle und starke Frauenfiguren! In Amerika wurde er berühmt mit so genannten „Women's Weepies", Herz-Schmerz-Schnulzen mit Anspruch. Schauspieler wurden unter seiner Regie zu Superstars. In den USA spielte das Theater für Sirk keine Rolle, zurück in Europa begann er sich wieder damit zu beschäftigen. Was konnten die HFF-Studenten von ihm bei dieser Übung lernen?

Angeblich ist Sirk mit den Studenten persönlich durch den Bavaria-Fundus gegangen und hat mit großer Sicherheit alle Requisiten und Möbel für den Spielort selbst ausgesucht. Er wusste genau, was sie zur Herstellung von Atmosphäre beitragen sollten. Der bedrohliche Ventilator an der Decke, der die meiste Zeit als Schatten über den Köpfen kreist, das Gitterbett, der Hintersetzer hinter der Regenwand draußen am Fenster. Großstadtkulisse, Einsamkeit, Gefahr. Mir ist es so erschienen, als wäre es Sirk nicht in erster Linie um den Text gegangen, den die Darsteller fast stoisch rezitieren, bewegungslos aneinander vorbei sprechend, das Gegenteil von Dramatik und Lebendigkeit. Ich bin weniger in die Figuren eingestiegen als in die Situation. Ziemlich viel Theater – aber ein starker Eindruck. Physisch spürbar die Hitze und der muffige Geruch von Schweiß und Alkohol in dem kleinen Zimmer. Keine Musik, nur das monotone Plätschern von Regen, entfernter Großstadtverkehr von außen. Die Kamera unterstreicht die Schwere des Moments durch gravitätische Fahrten und langsame Schwenks.

Der Hollywoodmeister der großen Emotionen hat den Studenten eine Lehrstunde in Atmosphäre und Stimmung gegeben.

> **Dieser Film ragt von seiner sauberen Machart her weit über die meisten in Solothurn gesehenen Debütantenwerke hinaus.**
> (Zoom 4/1976)
>
> **Ce film (…) a une gravité proche de Dreyer, mais son écriture ne doit rien à personne: elle réalise la quintessence du mélodrame dont elle travaille l'épicentre.**
> (Cahiers du Cinéma 1/1978)

MÜDE KEHRT EIN WANDERER ZURÜCK
Förderpreis der Schweizer Filmkritiker

WIR HABEN LANGE GESCHWIEGEN
Berlinale

THRENOS – EIN KLAGELIED FÜR DIE OPFER DER GEWALT

Dokumentarfilm, Kompilation, 13 min, 16mm, s/w
Buch & Regie: Roland Schraut
Kamera: Roland Schraut
Produktion: HFF München

Eine Zusammenstellung historischer, zusehends verfremdeter Filmaufnahmen des Atombombenabwurfs auf Hiroshima und seiner Folgen.

FESTIVALS
FESTIVAL DEI POPOLI

TAMPERE
SHORT FILM FESTIVAL

INFORMATIONSTAGE
OBERHAUSEN
...

Historische, teilweise bis zur Unkenntlichkeit bearbeitete Filmaufnahmen und Fotografien, die das Ausmaß der Zerstörung dokumentieren, die im August 1945 durch den Abwurf der Atombombe auf Hiroshima angerichtet wurde. Aufnahmen von Natur, Bauwerken, Menschen, Oberflächen werden bis in die Struktur des Materials hinein vergrößert. So wie das Leben werden auch die Bildinhalte ausgelöscht. Das Orchesterwerk *Threnos* von Krzysztof Penderecki unterstreicht durch sein aufwühlendes Klanggemälde den anklagenden Charakter des kommentarlosen Plädoyers gegen Krieg und Zerstörung.

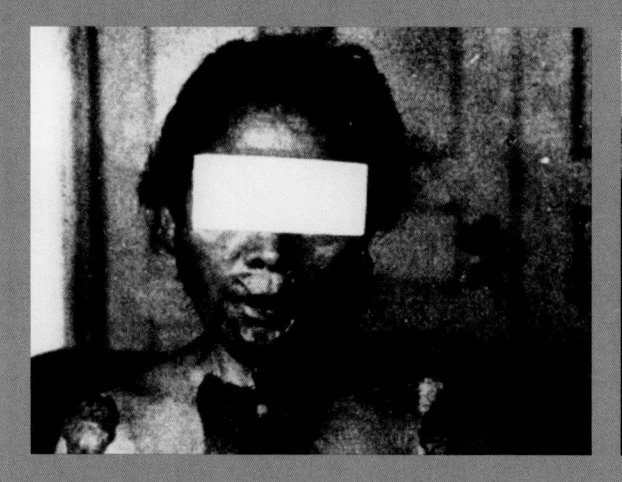

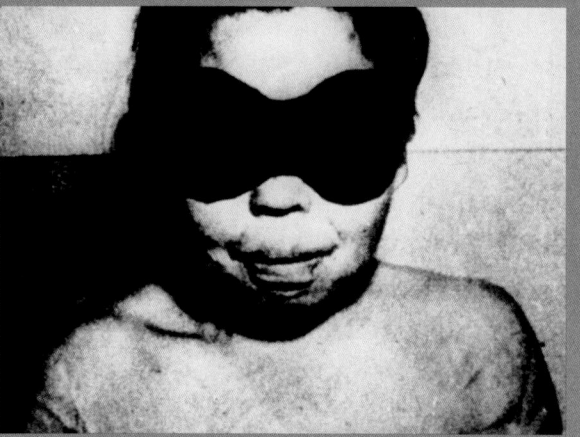

© HFF München/Roland Schraut

1976

WOHNEN MÖCHTE ICH HIER NICHT
Informationstage Oberhausen: Preis der deutschen Filmkritik

Esther Gronenborn über THRENOS – EIN KLAGELIED FÜR DIE OPFER DER GEWALT

1976

Der Kurzfilm zeichnet den Abwurf der Atombombe über Hiroshima nach.

In einem Zusammenschnitt dokumentarischen Film- und Fotomaterials versucht der Filmemacher, die Bedeutung dieses zeitgeschichtlichen Schreckensmomentes, ganz ohne Information oder Kommentar, nachzuzeichnen. Als „Klagelied" bezeichnet, kommt der Musik eine besondere Bedeutung zu. Sie bildet die Spannung. Sie ist Taktgeber und verdichtet die Beklemmung und das Grauen der Bilder. Durch die Art der Verwendung des Archivmaterials und die dramaturgische Einbindung der Musik entsteht dabei sicher nicht zufällig eine Brücke zu NACHT UND NEBEL von Alain Resnais. Der erste Teil zeigt die gutgelaunten Soldaten und Piloten der Enola Gay. Das Material betont die Leichtigkeit und sachliche Distanz, mit der die Atombombe über der Stadt abgeworfen wurde. Allein die Musik zeigt, hier wird etwas Ungeheuerliches erzählt. Kurz vor dem Abwurf ein Kontrapunkt. Eine Aneinanderreihung von Fotos: Bilder der Schuldigen, Wissenschaftler – alle, die an Erfindung und Bau der Atombombe beteiligt waren; Persönlichkeiten der Zeitgeschichte, des Kalten Krieges – bis hin zu Stalin und Hitler. Danach der Atompilz über Hiroshima.

Bilder der Zerstörung. Die abgebrannte Stadt. Zuerst fast unkenntlich von oben, dann sich weiter annähernd. Opfer in Krankenhäusern und bei Untersuchungen. Archivmaterial, kalt und präzise.

An dieser Stelle verlässt der Film seine dokumentarische Schnittfolge. Mit Elementen, die an die Copy-Kunst der frühen 1980er Jahre erinnern, werden die Bilder verfremdet. Vergrößert und bis zur Unkenntlichkeit aufgepixelt, sehen wir die schwarz-weißen Bildpunkte der todesstarren Augen der Opfer. In Überblendungen wird die optische Ähnlichkeit der Hautverstümmelungen mit den Kratern der zerstörten Landschaft beschworen. Wir müssen die fast unkenntlich gemachten Bilder deuten, lesen und wieder zusammensetzen. So machen sie uns vom reinen Betrachter zum Beteiligten. THRENOS ist eine Symphonie der Bilder, die sich mit seiner Poesie der direkten Anklage nahtlos in die politische Kritik seiner Entstehungszeit einpasst.

> **Diesem kommentarlosen Antikriegsfilm, einer Dokumentation des Atomtodes, gibt die Musik *Threnos* von Penderecki durch ihr provozierendes, ja aufwühlendes Klanggemälde einen nicht nur klagenden, sondern anklagenden Charakter.**
> (FBW-Gutachten)

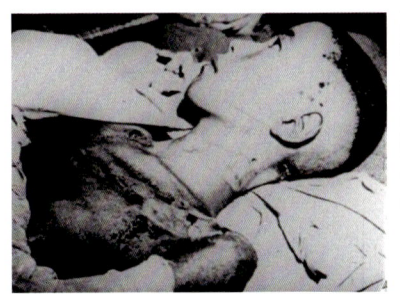

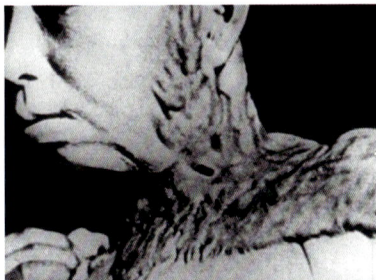

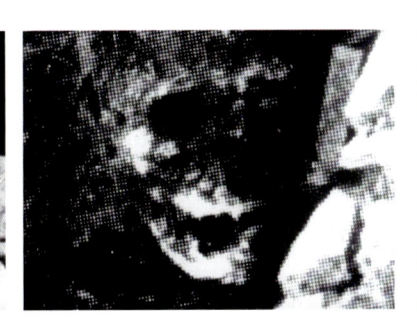

BILDER AUS DER STADT – SEKUNDENFILME II
Hofer Filmtage

PUNK IN LONDON

Dokumentarfilm, Musikfilm, 106 min, 16mm, color
Buch & Regie: Wolfgang Büld
Kamera: Helge Weindler
Produktionsleitung: Gisela Weilemann; Produktion: HFF München
Kinostart: 2. Dezember 1977

Eine der ersten Dokumentationen über die Londoner Punkszene Ende der 1970er Jahre. Interviews mit Musikern, Roadies, Fans, Managern. Bilder von den Orten einer neuen Subkultur.

FESTIVALS

BERLINALE
...

Die Punk-Rock-Szene in England bewegt sich 1977 zwischen Protest und Kommerz und wird in ihrer je eigenen Umgebung präsentiert: Begeisterte Anhänger von The Adverts, The Lurkers in einem Vorstadtclub in Hammersmith, X-Ray Spex in ihren Übungsräumen, The Jam bei einem Promotionkonzert, The Killjoys in einem Stripteaselokal, The Clash bei einem Auftritt in München. The Stranglers verweigern ein Interview aus Abneigung gegen Deutschland. Rodent, ein Roadie von The Clash, erzählt, was ihn an Deutschland interessiert: „Deutschmarks" und RAF; Willy Brandt und Kanzler Schmidt dagegen findet er langweilig. Der Film: Punk. Von den Anfängen bis zur Vermarktung.

© HFF München/Helge Weindler

1977

WEIHERTAL
Solothurner Filmtage

LOURDES
Lindauer Festwochen

DIE ZUKUNFT DES HARALD E.
Kurzfilmtage Oberhausen

Jo Heim über PUNK IN LONDON

1977

Irgendwie Schwarz-Weiß, ausgewaschener Farbstich. Nahezu quadratisches Format 1:1,33. Reichlich Fussel auf der Kopie. Fünf Namen der Filmcrew. Gesprüht auf eine Backsteinwand.

Junge Männer, normal aussehend, in einem Club, Bier trinkend, sich anspuckend, Pogo tanzend. Blondierter Twen an überquellendem Schreibtisch, Industriegebäude, schief aufgehängte Plakate. Nummernschild eines Renault 6: CLA5H. Ein Irokesen-Haarschnitt. Firmenschild: Malcolm McLaren, Vivienne Westwood. Rasierklinge an einem Hundehalsband. Punk-Band live im Marquee Club. Zuschauer tanzen heftig. Junger Mann auf einem Sofa, ordentlich gekleidet, setzt an, über den Beginn des Punk letztes Jahr in den Londoner Clubs zu erzählen. Der Mann neben ihm streckt den nackten Hintern ins Bild. Beide lachen sich tot.

Wohnzimmer. Middleclass, spießig. Fünf junge Männer mit braver Föhnfrisur: Die heutige Jugend hat genug vom alten Scheiß, etablierten Bands, Mainstream, Major Labels, Hippie-Käse. Sie will ihre eigene Identität! Alles selbst in die Hand nehmen! Do it Yourself!!! Zwei live gespielte Songs dieser Band. Die ersten fünf Minuten des Films.
Ähnlich geht es weiter.

12 Punk-Bands live, Statements von Managern, Musikern, Eltern, Teds.
Rau, puristisch, simpel. Irgendwie unstrukturiert.
Egal!!!
Dies ist nicht nur ein Film über Punk.
Der Film IST Punk!!

Er ist nicht gefällig. Ist gegen die Norm. Eher eine Bestandsaufnahme, bricht Konventionen, verzichtet auf Dramaturgie, nicht objektiv, zeigt keine Gegendarstellungen, gibt wenig Erklärungen, enthält dem Zuschauer weitgehend vor, um wen es gerade geht. Man bleibt sich selbst überlassen.

Ein Dokumentarfilm, innerhalb von nur zwei Wochen in London gedreht, auf 16mm, mit nur einer Kamera. Da Interviews und Auftritte live aufgenommen wurden, blieb Büld nur übrig, ohne Schnitt zu drehen, alles in einer Einstellung, dadurch total authentisch! Die große Qualität dieses Films!! Ganz im Stil des damaligen „Münchner Sensibilismus" der Wenders-Ära, lange Einstellungen, wenig Schnitte, keine wackelige Handkamera.

Büld gelingt so ein unglaublich ehrliches, schnörkelloses, ungeschöntes Zeitdokument über die frühen Tage des Punk.

> **Wolfgang Bülds Analyse einer Jugendbewegung, die gesellschaftlich gänzlich außer Rand und Band geraten ist, gehört zu den interessantesten Streifen dieses Genres in den letzten Jahren.**
> (Die Welt 10.12.1977)
>
> **Mit bewundernswertem Beharrungsvermögen hat er die Kamera ohne Schnitte und poppige Verklärungen auf das Punk-Milieu gehalten.**
> (FAZ 12.12.1977)
>
> **Die vorentscheidende ‚Technik' des Kamera-Draufhaltens erinnert an die Underground-Movies Andy Warholscher Prägung.**
> (FR 12.12.1977)

SYLVESTERNACHT
Hofer Filmtage

GERTRUD BAER
Leipziger Dokumentar- und Kurzfilmwoche

ALBERT – WARUM?

Spielfilm, Drama, 105 min, 16mm, s/w
Buch & Regie: Josef Rödl
Kamera: Karlheinz Gschwind
Produktion: HFF München
Kinostart: 2. März 1979

PREISE
DEUTSCHER FILMPREIS
DEUTSCHER KRITIKERPREIS
BERLINALE
AZ-STERN DES JAHRES
...

FESTIVALS
FESTIVAL DEI POPOLI
CHICAGO FILM FESTIVAL
HOFER FILMTAGE
FILMSCHAU NÜRNBERG
...

Ein Außenseiter kehrt zurück in sein Heimatdorf. Von allen verstoßen, sucht er vergeblich Trost bei jenen, die ihn nicht verspotten – und im Alkohol, der ihn immer tiefer in den Abgrund zieht.

Aus der Nervenheilanstalt entlassen, kommt Albert (Fritz Binner) in das oberpfälzische Dorf zurück, in dem er aufgewachsen ist. Sein greiser Vater (Michael Eichenseer), ein Großbauer, hat mittlerweile seinem Neffen Hans (Georg Schießl) den Hof übergeben. Albert fühlt sich nur noch geduldet. Er zieht in einen verfallenen Altbau neben dem neuen Bauernhof. Erst als Hans im Krankenhaus ist, hat Albert die Möglichkeit zu beweisen, dass auch er die Arbeit eines Bauern bewältigen kann. Nach Hans' Rückkehr wird Albert jedoch wieder ausgestoßen. Die Dorfbewohner betrachten ihn als „Deppen". Überall, im Gasthof, in der Diskothek und auf der Straße wird er lächerlich gemacht, verhöhnt und beleidigt. Seine zaghaften Versuche, Kontakte mit Frauen aufzunehmen, werden abrupt abgewiesen. Alkohol, Natur und Tiere sind sein einziger Trost. Mit Gesten der Verweigerung versucht er, sich zu wehren, und er geht dazu über, das zu tun, was man schlechthin von einem Deppen erwartet: Er stiehlt Hasen, tötet Tiere, setzt eine Hütte in Brand. Alberts exzentrische Ausbrüche steigern sich. Die Dorfbewohner beunruhigen sich zunehmend. Ihr Einfluss ist schrecklich: Albert erhängt sich in der Kirche.

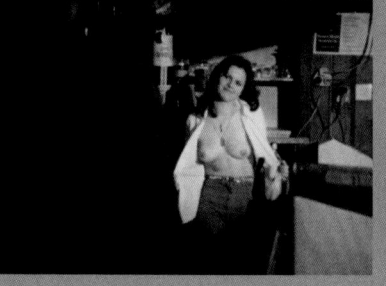

© HFF München/Karlheinz Gschwind

1978

NUR EIN KLEINES BISSCHEN LIEBE
Berlinale

WIR PASSEN NICHT MEHR IN DIESE LANDSCHAFT
Informationstage Oberhausen

MARCELLO UND RENÉE
Solothurner Filmtage

CITY BLUES
Grenzland-Filmtage Selb

Jens Schanze über ALBERT – WARUM?

1978

Etwa 1998 sah ich ALBERT – WARUM? zum ersten Mal. Der Film hat mich lange beschäftigt. Die Besetzung der Hauptrolle mit dem Laien Fritz Binner verleiht dem Film eine unmittelbare Wucht, der man sich nicht zu entziehen vermag. Fritz Binner, ein Außenseiter im realen Leben, ist Albert, für den auch in der von Josef Rödl erzählten Geschichte nirgendwo ein Platz zum Leben ist. Am Ende des Films ist Albert tot. Der Hauptdarsteller Fritz Binner stirbt ein halbes Jahr nach Ende der Dreharbeiten. Wie geht man als Filmemacher mit der Nähe zwischen Film und realem Leben um? Welche ethischen Grenzen gibt es? Wo beginnt die Ausbeutung der Realität? Diese Fragen haben uns damals an der HFF umgetrieben. Mit jedem Film stellen sie sich erneut.

Josef Rödl erzählt Alberts Geschichte mit unheimlicher Konsequenz. Momente der Zartheit münden wie zwangsläufig in Verletzung und Brutalität. Die Aura der Verlorenheit, die diesen Mann ebenso wie alle anderen Figuren des Films umgibt, ist in jeder Einstellung des Films greifbar. Erlösung findet niemand, auch nicht im Tod. Ausweglosigkeit und gesellschaftliche Determiniertheit der Charaktere waren auch in den zuvor entstandenen Werken des Neuen Deutschen Films ein Thema. Vor knapp 40 Jahren sagte Josef Rödl in einem Interview, die Filmemacher des Neuen Deutschen Films hätten eine „Vorarbeit geleistet, die ganz wichtig war, aber die Situation in Deutschland eigentlich nicht grundlegend verändert hat." Jetzt müsse eine neue Generation kommen und „ein neuer Ansatz gefunden werden, auch ein politischer, der in ganz neue Bereiche vordringen müsste".

Jedoch ist ungeachtet aller staatlichen Subventionen ein Großteil der Filmemacher in Deutschland in erster Linie mit dem eigenen Überleben beschäftigt. Die Frage, ob ein Stoff beim Publikum reüssiert, wird gegenwärtig bei weitem leidenschaftlicher diskutiert als die Radikalität seiner filmischen Umsetzung oder die gesellschaftliche und politische Notwendigkeit, den Film zu machen. Neben seiner zeitlos verstörenden Geschichte ist das die beklemmende Erkenntnis aus Josef Rödls ALBERT – WARUM?.

> ... eine erschütternde, sehr menschliche Geschichte über alltägliche Unmenschlichkeit.
> (AZ 31.10.1978)
>
> **Rödl dokumentiert diesen Lebenslauf betroffen und unnachsichtig zugleich. Er läßt, wenn man so will, die Wirklichkeit sich selber ausdrücken, hilft ihr nur mit Milieukenntnis nach ...**
> (SZ 4./5.11.1978)
>
> **Noch nie war in Hof das Schweigen nach einem Film so lang, der Beifall danach so stark.**
> (Die Zeit 3.11.1978)

MERGOSCIA
Tag des religiösen Films: 3. Preis

LINDA
Hofer Filmtage

DER ERSTE WALZER
Nordische Filmtage Lübeck

NAH BEIM SCHAH
Festival dei Popoli

DER KOSTBARE GAST

PREISE
BAYERISCHER
FILMPREIS
…

Spielfilm, Drama, 57 min, 16mm, color
Buch & Regie: Dominik Graf
Kamera: Norbert Friedländer
Produktion: HFF München, BR

Weil der Mann zeugungsunfähig ist, sucht ein junges Ehepaar nach Ersatz. Also laden sie einen alten Freund der Frau ein, ohne ihn in ihre Pläne einzuweihen.

FESTIVALS
BERLINALE

HAMBURGER
FILMSCHAU
…

Für ein gutbürgerliches Paar (Donata Höffer, Charles Brauer) ist das gemeinsame Glück ohne Kind unvollkommen. Da der Mann zeugungsunfähig ist, verfallen die beiden – in der Meinung, dass wenigstens die Frau „beteiligt" sein sollte – der Idee, einen früheren Freund der Frau (Dietrich Mattausch) zu sich einzuladen. Der besorgt, ohne etwas von seiner Rolle zu ahnen, den gewünschten Ehebruch. Die Beteiligten verstricken sich zusehends in ihren Gefühlen und manövrieren sich dabei in Positionen, die sich als ausgesprochen schmerzhaft herausstellen.
Zwar bekommt die Frau letztendlich das ersehnte Kind, doch der Ehemann erträgt den Gedanken nicht, ihren gemeinsamen Kinderwunsch auf diese Art erfüllt zu haben. Er nimmt sich das Leben. Auch der leibliche Vater des Kindes wendet sich von der Frau ab. Sie bleibt allein zurück.

© HFF München/Norbert Friedländer

1979

WENN EIN MANN ERST ANFÄNGT ZU SCHLAGEN …
Berlinale

DAS GESICHT
Kurzfilmtage Oberhausen

KALLE B.
Ausstrahlung BR

EMIGRAZIONE
Solothurner Filmtage

HAUSGÄSTE
Lindauer Filmtage

YÖRUK, DIE NOMADEN ANATOLIENS
Filmfest der Filmemacher Hamburg

Hans Steinbichler über DER KOSTBARE GAST

1979

Alter! Allein wie das anfängt! Ein Film von einem Siebenundzwanzigjährigen! Siebenundzwanzig ist der Mann, Alter. Siebenundzwanzig!

Also: Schwarz. Du hörst ein Schlagzeug. Und dann Tusch…!! Schrift erscheint: „Der kostbare Gast" … bleibt seeeehr lange stehen und dann wieder: Tusch!! „von Dominik Graf" (bleibt auch seeehr lange stehen)! Und dann ein Rolltitel, den man sich erstmal geben muss: „Kinder sind" (Pause) „wie die Erfahrung zeigt" (Pause) „ein festes Band" (große Pause). „Daher tritt bei Kinderlosen" (Pause) „auch rascher die Entfremdung ein" … (seehr große Pause; einatmen). „Sie sind ja ein gemeinsames Gut für die Eltern." (Pause) „Das Gemeinsame aber verbindet." (Ausatmen) Und jetzt festhalten: „Aristoteles."

Ein Siebenundzwanzigjähriger beginnt einen Film mit Schlagzeug und Schwarz und diesem Titel mit „kostbar" und „Gast" drin, verweist dann nicht ohne Längen auf sich selbst und schießt Aristoteles hinterher mit etwas, was einem in diesem Alter eigentlich ziemlich am Arsch vorbeigehen könnte. Aber was soll's. Jetzt beginnt ja der Film: Schwarz, harter Schnitt, ein gefahrener, gezoomter, vulgo meisterhafter Schwenk und sofort hauen wir uns in die unerreichbaren Welten der besseren Münchner Gesellschaft.

Als Minderleister, der nicht zu den oberen zehntausend Schwabingern gehört, hat man's in diesen Stratosphären einfach schwer. Das ist alles so dermaßen überlegen, gediegen, tief gedacht und souverän inszeniert, dass einem einfach nichts mehr einfällt.

Vielleicht noch dieses: In Minute sechs dieses Jung-Homunkulus passiert halt dann doch das Graf-mäßige, das einem immer mal wieder den Schalter raushaut. Da kauft der Typ im BMW (!), der gerade (wie immer architekturkritisch) an den Graf-typischen Münchner Neubauten vorbeigebrettert ist, um in Grünwald die Lady eines Anwalts (noch Fragen?) zu schwängern, auf dem Weg (sagen wir in Giesing) Blumen ein. Die Blumenverkäuferin, die für exakt sieben Sekunden zu sehen ist und dabei ein ganz einfaches, naives Ding in einem Laden darstellt, ist: Barbara RUDNIK.

Das soll diesem verdammten Gott Graf erstmal einer nachmachen, Alter! Kein Mut, keine Mädchen!

> … eine stilsichere Inszenierung (…), die auf weitere Filme dieses Debütanten gespannt macht.
> (SZ 26.9.1979)
>
> **Die vielleicht etwas behutsame, fast keusche Haltung des Regisseurs verdient nicht weniger Anerkennung als seine handwerkliche Leistung.**
> (SZ 5.2.1979)
>
> **… ein subtiles Spiel wechselnder Absichten, Empfindsamkeiten und Zynismen, das zur Phantasie und Kombinationsfähigkeit stimuliert.**
> (tip 1/1979)

SMASH – GEFAHR AUS DER UNENDLICHKEIT
Festival des phantastischen Films

BARANSKI
Hofer Filmtage

MEINE GROSSMUTTER ZEIGT UND ERZÄHLT BÄUERLICHE HAUSARBEIT – Duisburger Filmwoche

1980er

TENNESSEE STUD

Kurzspielfilm, Western, 20 min, 35 mm, s/w
Buch: Oswald von Richthofen, Andreas Thiel
Regie: Oswald von Richthofen
Kamera: Egon Werdin, Ulrich Möller
Produktionsleitung: Rainer Wemcken; Produktion: HFF München

Ein Mann muss sein geliebtes Pferd zum Verkauf in die Stadt bringen. Auf seinem Weg durch die Provinz verliebt er sich – und es passiert Unvorhergesehenes.

FESTIVALS

HOFER FILMTAGE
...

Ringo (Dan van Husen) bekommt von seinem Boss den Auftrag, ein verkauftes Pferd namens Tennessee nach München zu bringen.
Die Sache fällt Ringo sehr schwer, schließlich ist Tennessee sein Lieblingspferd. Unterwegs macht Ringo Rast in einem kleinen Dorf. Dort lernt er Katie (Barbara Rudnik) kennen, die Tochter des Hotelbesitzers. Aber seine Bekanntschaft mit dem Mädchen passt ihren übrigen Verehrern im Dorf so gar nicht. Aus Rache an dem Fremden stehlen sie sein Fahrzeug. Nur der Anhänger mit Tennessee bleibt zurück. So ist Ringo gezwungen, wie ein echter Cowboy, das Pferd nach München zu reiten.
Auf dem Rückweg holt er Katie mit einem Motorrad ab und die beiden fahren gemeinsam in eine ungewisse Zukunft.

© HFF München/Egon Werdin, Ulrich Möller

1980

FALSCHE BILDER
Solothurner Filmtage

UNTER MÄNNERN
Berlinale

PATINA – MOSAIKBILDER IN GRÜN UND GRAUBRAUN
Kurzfilmtage Oberhausen

VIER WÄNDE AUS ZEIT
Interfilm Festival Hilversum

Florian Deyle über TENNESSEE STUD

1980

„Say goodbye to the king of the Cowboys,
First and last of a dying breed,
Say goodbye to the king of the Cowboys,
Chained to a life he doesn't lead."
(The Amazing Rhythm Aces, 1975)

Oswald von Richthofen erzählt in seinem Schwarz-Weiß-Film TENNESSEE STUD von dem Stallburschen Ringo, der die missliebige Aufgabe bekommt, ausgerechnet sein Lieblingspferd einem Käufer in München zu überbringen. Für Ringo, den Lowner, ist die Reise Abschied und Neuanfang. Er lernt auf dem Weg in die Stadt die wunderschöne, aber sehr einsame Wirtstochter Katie kennen. Vom ersten Moment an ist die Begegnung der beiden magisch und man ahnt, dass es hierbei nicht bleiben wird.

Oswald von Richthofen legt dabei in Anlehnung an die vielen großen Western-Klassiker der 1970er Jahre besonderen Wert auf die Atmosphäre. Totalen erzählen von der Weite und Einsamkeit der bayerischen Diaspora. Das Spiel mit Licht und Schatten, mit dem Offensichtlichen und dem Verborgenen, wird konsequent genutzt.

Der Einsatz von bekannten Folk- und Country-Liedern wie *Fate of Fool* oder *King of the Cowboys* komplettiert die Western-Atmosphäre, die nur ab und an durch den Lärm der im Film zu sehenden modernen Gerätschaften gebrochen wird.

Man könnte meinen, Oswald von Richthofen erzählt vom Filmemachen an sich als einsamem Kampf für die eigene Überzeugung und Vision – unabhängig vom Erfolgsversprechen eines Films.

HOUNG
Krakow Film Festival

FRANZMANN
Hofer Filmtage

LIEBE & LASTER
Nordische Filmtage

WEIHNACHTSSAFARI
Ausstrahlung SWF

DEUTSCHE WELLE

Dokumentarfilm, Musikfilm, 45 min, 35mm & Video, s/w
Buch & Regie: Michael Bentele, Thomas Merker
Kamera: Thomas Merker
Produktionsleitung: Michael Bentele
Produktion: HFF München

Neue Bilder zur Musik der Neuen Deutschen Welle. Entstanden durch die Verquickung von Film und Video, Gestern und Heute.

FESTIVALS
HOFER FILMTAGE
FESTIVAL DER FILMHOCHSCHULEN MÜNCHEN
…

Von relativ unbekannten Gruppen bis hin zu den Dadaisten der Neuen Deutschen Welle, Palais Schaumburg, zeigt der Film eine Auswahl deutscher Punk-Musik der Neuen Deutschen Welle.
Neben Live-Auftritten – Palais Schaumburg in der Alabama-Halle in München – werden Bands wie Mannschreck, Deutscher Kaiser, Östro 430, Bärchen und die Milchbubis, Brausepöter, United Balls und Front Videoclip-artig in wechselnden Motiven und auf der Bühne inszeniert und gefilmt. In vielen Szenen wird zudem ein Monitor im Bild gezeigt, auf dem vorproduziertes Videomaterial zu sehen ist, das mit der Band oder der Musik im Zusammenhang steht. Verfremdungseffekte wie Laufstreifen, die durch die Abfilmung von Videobildern entstehen, sowie weitere elektronische Manipulationen verstärken den Eindruck der Collagenhaftigkeit des Films.
Die so entstandenen zwölf Clips werden mit Ausschnitten aus Fernsehsendungen der BRD-Wirtschaftswunderzeit und einigen Spielszenen mit FM-Einheit alias Mufti und Margita Haberland von der Gruppe Abwärts verknüpft.

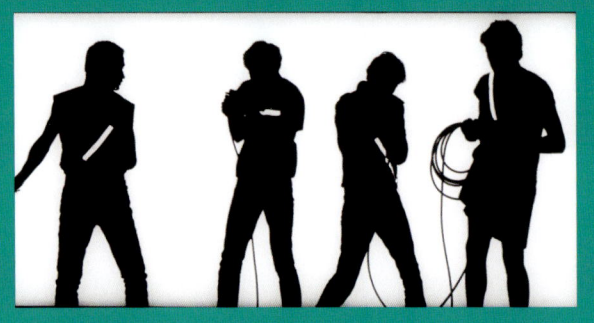

© HFF München/Thomas Merker

1981

RACHE IST BLUTWURST
Berlinale

BOURBON STREET BLUES
Grenzland-Filmtage Selb

NACHTSCHICHT
Cinéma d'animation Annecy

GURBET
Solothurner Filmtage

DER LÜGNER
Tampere Short Film Festival: Risto Jarva Prize

MONITOR
Kurzfilmtage Oberhausen

Michael Hild über DEUTSCHE WELLE

1981

Ein Dokument in Schwarz-Weiß über acht Bands der Neuen Deutschen Welle (NDW) Anfang der 1980er Jahre. Kein verbaler Kommentar lenkt die Wahrnehmung, lediglich Montage und Kameraarbeit leisten das. Der Film kommt wie ein tastender Versuch auf dem Weg zum Videoclip daher: Musik als Arbeit wird ersetzt durch Illustration der Songtexte, durch Ausstattung sowie optische Effekte. Die Band wird in ein leeres Schwimmbecken gestellt und mit Schwimmern unter Wasser gegengeschnitten (Bärchen und die Milchbubis: *Tiefseefisch*), in einer leeren Fabrikhalle vor das Band-Logo als Graffiti und einem Tänzer mit Gasmaske platziert (Brausepöter: *Bundeswehr*), in ein TV-Gerät eingespielt und mit einem realen Musiker kombiniert (Mannschreck: *Verdrahtet*). Münder in Großaufnahme mit Kirmesbildern (Deutscher Kaiser: *Hulli Gulli*) und Szenen in der S-Bahn werden mit Nahaufnahmen der Sängerin (Östro 430: *S Bahn*) kombiniert. Eine Band albert in Kutten herum und wird mit ihren Instrumenten in den Schattenriss verbannt (United Balls: *Blackbird*). Sogar bei Palais Schaumburg, im Film mit drei Stücken vertreten (*Telefon*, *Wir bauen eine neue Stadt*, *Jawohl, meine Herren*), die bei einem Konzert aufgenommen wurden, wird die Live-Situation ausgeblendet, das Publikum existiert nur kurz im Off-Ton. Aber die Musiker sind hier trotz der Kameraarbeit noch gut als solche wahrzunehmen.

Etwa zehn Jahre früher als Studenten des A-Kurses hatten wir noch ganz andere Ansichten, was die Präsentation von Musik betrifft. Wir bewunderten Straub/Huillets Film DIE CHRONIK DER ANNA MAGDALENA BACH (1968). Dort wurden die Musikstücke jeweils in nur einer Einstellung aufgenommen. Am radikalsten hat Matthias Weiss diese Haltung in seinem Film über die Studioproben der Band Ten Years After vertreten (1969, Kamera: Wim Wenders). Eine totale Einstellung der Gruppe, die nur beim Wechseln der Filmkassette durch Schwarzfilm unterbrochen wird.

So ändern sich die Zeiten: Was damals die große Befreiung war, ist für die heutigen Zuschauer eine Zumutung, auf die sie mit verbissener Aggressivität reagieren.

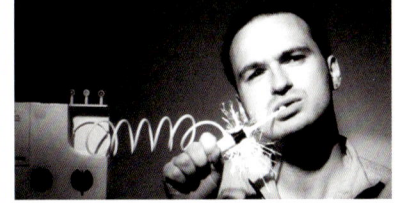

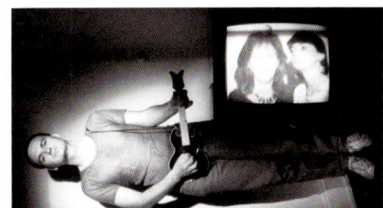

» ... streckenweise brillant gemacht, spritzig und intelligent in Schnitt und Montage (...) so drückt sich in immer wiederkehrenden Worten nicht das, wohl aber ein Lebensgefühl heutiger Jugend aus.
(FAZ 17.8.1982)

Keine Chance für Obszönitäten im Fernsehen: Die Düsseldorfer Lady-Band ‚Östro 430' fliegt mit ihrer Nummer *Sexueller Notstand* (Textprobe: ‚Was dir bleibt, ist nur die Hand ...') schon zum zweitenmal aus dem Programm. Nach dem BR entschied nun auch der WDR, seinem Publikum den frechen Sexy-Song zu ersparen.
(AZ 14./15.8.1982) «

FREITAG NACHT
Hofer Filmtage

DAS LEBEN NACH DER WOLKE – SEVESO
Frauenfilmtage München

IM SCHATTEN
Festival der Filmhochschulen München

DIE NACHT DES SCHICKSALS

PREISE
DEUTSCHER FILMPREIS
FILMFESTIVAL MAX-OPHÜLS-PREIS
...

Spielfilm, Musicalkomödie, 84 min, 16mm, color
Buch: Helmer von Lützelburg, Andreas Markus Klug, Christoph Wagenknecht
Regie: Helmer von Lützelburg; Kamera: Alexander Witt
Produktionsleitung: Irene Goetz, Hans Brandenberg
Produktion: HFF München; Koproduktion: BR, motion pictures

Ein Unfall auf der Landstraße, ein einsames Schloss, skurrile Typen in knappen Kostümen treffen auf skurrile Typen mit Rhythmus im Blut. Es entfaltet sich ein Melodrama um Mord und Inzest.

FESTIVALS
HOFER FILMTAGE
TYNESIDE FILM FESTIVAL
GÖTTINGER FILM FEST
...

Eine Vollmondnacht in einer gottverlassenen Gegend irgendwo zwischen Fulda und den Karpaten: Auf einer einsamen Landstraße eilt die Operndiva Alma Meyer-Efeu (Melitta Wolke-Desinée) mit ihrem Pianisten (Wolf Rettig) einem neuerlichen Comebackversuch entgegen. Gleichzeitig rast das Damentrio Les Baisers mit der Leadsängerin Betty Bisquit (Billie Zöckler), den Backgroundsängerinnen (Marlene Moll und Christa Hiederer) und ihrem Manager (Ludwig Boettger) auf der Flucht vor Schulden, Skandalen und Affären durch die Nacht. Auch die Klatschtante der Boulevardpresse (Traute Hoess) ist nicht weit. Wie der Zufall es will, treffen die sieben aufeinander, stoßen auf eine entlegene Schlossruine und erleben eine Nacht voller Tanz, Musik und Leidenschaft.

© HFF München/Alexander Witt

1982

WOCHENEND
Berlinale

WO IST LOU?
Grenzland-Filmtage Selb

IN DIE MUTTERSTAPFEN TRE
Frauenfilmtage München

KRIEGSTAUBEN
Solothurner Filmtage

STÜCKGUT – EIN DOKUMENT UNSERER ZEIT
Ausstrahlung BR

CROSS THE RIVER
HFF-Beitrag für Student Academy Award

Marco Petry über DIE NACHT DES SCHICKSALS

1982

Es heißt, die meisten Erstlingsfilme seien autobiografisch oder durch ein Lieblingswerk aus der Filmgeschichte inspiriert. Im Fall von Helmer von Lützelburgs Abschlussfilm tippe ich auf beides.

Den direkten Anstoß von außen mag eine Produktion gegeben haben, die im Sommer 1977 in die deutschen Kinos kam: THE ROCKY HORROR PICTURE SHOW. Wie in dem Film von Jim Sharman stranden auch von Lützelburgs Protagonisten nach einem nächtlichen Autounfall in einem unheimlichen Schloss mit skurrilen Bewohnern, was zu amourösen und tödlichen Verwicklungen führt. Und wie in dem erfolgreichen Horror-Musical wird das Geschehen immer wieder untermalt, kommentiert oder konterkariert von den Gesangsnummern der Darsteller. Allerdings mit dem Unterschied, dass in DIE NACHT DES SCHICKSALS ein erstaunlich breites musikalisches Spektrum zum Einsatz kommt. Hier läuft nicht nur Pop und Rock, sondern auch Schlager und Oper.

Ich könnte mir vorstellen, dass sich in dieser Vielfalt der biografische Hintergrund des Machers spiegelt.

Zumindest trägt DIE NACHT DES SCHICKSALS die Handschrift von jemandem, der die Musik quer durch ihre Genres liebt und diesem Gefühl mit seinem Abschlussfilm ein Denkmal setzen wollte. Dabei hat sich von Lützelburg von budgetären Limitierungen eines Hochschuldrehs nicht abhalten lassen, sondern sie clever genutzt, um seinem Film einen grellbunten, trashigen Charme zu verleihen, der wie eine Hommage an das amerikanische Gruselkino der 1940er Jahre wirkt.

Sämtliche Darsteller agieren mit theatralisch überzogenem Spiel in Doppelrollen, Autofahrten sind überdeutlich im Stand gedreht, das Schloss ist offensichtlich ein Modell, die wenigen kerkerartigen Räume geben der Handlung eine klaustrophobische Enge. Herausgekommen ist eine wilde Mischung aus Musical, Gruselfilm, Farce und Melodram, die von der selbstbewussten Vision ihres Machers zeugt und die mit ihrer unbeschwerten Experimentierfreude in keine Schublade passen will.

》

... ein heftig beklatschter Ulk, der jenseits seiner Nettigkeiten auf eine erstaunliche handwerkliche Fertigkeit des Regisseurs verweist.
(FR 7.11.1981)

Von Lützelburgs Film ist einer der wenigen, die den Mitwirkenden ebenso viel Spaß wie den Zuschauern gemacht haben.
(Augsburger Allgemeine 3.11.1981)

Ein erstaunliches, vielversprechendes Debüt, das pausenlos beste Laune verbreitet und endlich mal nichts ernst nimmt.
(tz 10./11.7.1982)

... eine ganz unbeschwerte Parodie auf Gruselfilm, Musical und Melodram.
(SZ 3.11.1981)

《

FEUERPROBE
Vorführung im Filmmuseum München

LOVE UNLIMITED
Hofer Filmtage

SABBAT
Festival der Filmhochschulen München

NIEMANDSLAND
Bilbao Short Film Festival

AUFDERMAUER – EIN FILM ALS GNADENGESUCH

PREISE
DEUTSCHER FILMPREIS
...

Spielfilm, Drama, 97 min, 35mm, s/w
Buch & Regie: Lutz Konermann
Kamera: Toni Sulzbeck
Produktionsleitung: Bernhard Stampfer; Produktion: HFF München; Koproduktion: ZDF
Kinostart: 12. Juli 1984

Einem wegen schweren Raubes Verurteilten gelingt nach dreißig Jahren Gefängnis die Flucht. Doch das Leben in Freiheit ist ungewohnt. Basierend auf einem authentischen Fall.

Wegen schweren Raubes in Tateinheit mit Totschlag im Jahr 1951 zu lebenslangem Freiheitsentzug verurteilt, verbüßt Albert Wisotzky (Klaus Abramowsky) dreißig Jahre Einzelhaft.
Da bietet sich ihm im Sommer 1980 bei einem eintägigen Hafturlaub die Gelegenheit zur Flucht. Als Ausbrecher durchlebt Albert Tage voller Scheu und Neugier in einer ihm völlig unbekannten, neuen Welt – einer Welt in Freiheit. Er trifft auf den ehrgeizigen Journalisten Bernd Husemann (Klaus Grünberg), der auf Alberts Fall aufmerksam geworden ist, doch zunächst nur seine eigene Karriere im Auge hat. Erst allmählich ist er bereit, hinter der Story auch die Person des Häftlings zu sehen. Mithilfe des Journalisten beschließt Albert eines Abends, sich freiwillig zu stellen, doch die Justizvollzugsanstalt weist ihn aus bürokratischen Gründen ab.
Kurz darauf wird er auf offener Straße von Zivilpolizisten gestellt, verhaftet und wieder in den geschlossenen Vollzug gebracht.

© HFF München/Toni Sulzbeck

1983

SPÄTVORSTELLUNG
Filmband in Silber (Kurzfilm)

VERKABELT UND VERKAUFT
Oberhausen: Preis der Filmothek der Jugend

STAU
Ausstrahlung NDR/RB/SFB

ALTOSAX
Ausstrahlung NDR/RB/SFB

MUSKELSPIELE
Ausstrahlung BR

DAS LAND-EI
Göttinger Film Fest

Patrick Hoerl über AUFDERMAUER – EIN FILM ALS GANDENGESUCH

1983

Es ist vor allem das von analogen Knacksern durchzogene Filmschweigen, das mir aus meiner Hochschulzeit so vertraut ist. Dieses sprachlos meditativ wirkende Hintergrundrauschen, das so viel Raum öffnet für Beobachtungen und Entdeckungen im Material. Wie skeptisch waren wir gegenüber linear durcherzählten und dialogbestimmten Geschichten. Wie sehr war unsere Erzählung getrieben von dem Drang, die Welt einfach nur selbst sprechen zu lassen. Manchmal an der Grenze zur Narrationsverweigerung.

Filmgestalt Wisotzky auf Hafturlaub erlebt die Schlussphase der Nachkriegszeit als genauso fremd wie sie für uns damals war. Gefangen in Ritualen und Regeln, denen wir uns nicht beugen wollten. Keine Zeit des Protests. Dafür waren wir zu spät geboren. Aber eine Zeit der Verweigerung.

Andeutungen skizzieren das Leben, das wir uns selbst noch nicht richtig ausmalen konnten. Und immer wieder durchfuhren Züge unsere Filme. Das Wegfahren war immer eine wichtige Option, oder auch Versuchung.

Hier aber bleibt der Film bei seiner Sache. Er stellt sich in heute schwer ertragbarer Ruhe und Eindringlichkeit in den Dienst eines real existierenden Menschen und verteidigt mit seinem Anspruch auf Freiheit auch den Anspruch unserer Generation auf eine eigene Welt.

> **Der Weg eines Mannes durch eine deutsche Stadt nach 30 Jahren Haft während eines überzogenen Hafturlaubes wurde mit einer Souveränität ins schwarzweiße Bild übertragen, von der noch viel zu erwarten ist.**
> (Tsp. 7.5.1982)
>
> **... meisterhaft gerade in der Seismographie der Psychologie des Mannes ...**
> (NZZ 10.2.1983)
>
> **Eine bemerkenswert hoffnungsvolle Studienabschlußarbeit der Münchner Hochschule für Fernsehen und Film.**
> (FAZ 7.5.1982)

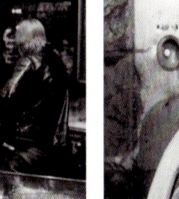

FEHLANZEIGE
Österreichischer Förderpreis für Filmkunst

ANDENKEN AN EINEN ENGEL
Hofer Filmtage: Förderpreis

ZUCKERHUT
Ausstrahlung ARD

ABSCHIEDSBILDER
Festival Figueira da Foz: Best Int. Program

FEHLSTART
Festival der Filmhochschulen München

DAS ARCHE NOAH PRINZIP

Spielfilm, Science Fiction, 100 min, 16mm, color
Buch & Regie: Roland Emmerich; Kamera: Egon Werdin, Thomas Merker
Produktionsleitung: Gabriele Walther, Klaus Dittrich; Produzenten: Wolfgang Längsfeld, Peter Zenk
Produktion: HFF München, Solaris Filmproduktion
Kinostart: 24. Februar 1984

Die nahe Zukunft: Von einer Raumstation im Orbit kann das Wetter manipuliert werden. Stürme, Überschwemmungen und Dürreperioden gehören der Vergangenheit an. Doch skrupellose Militärs wollen diese Macht auf weniger friedliche Weise nutzen.

FESTIVALS
BERLINALE
...

1997. Auf der Raumstation „Florida Arklab" erforschen die beiden Astronauten Max Marek (Franz Buchrieser) und Billy Hayes (Richy Müller) die Möglichkeiten der Einflussnahme auf Klima und Wettergeschehen der Erde. Als es zu einer Krise im Nahen Osten kommt, soll die neuentwickelte Technologie der Wetterkontrolle für militärische Zwecke missbraucht werden: Die Strahlen haben die Wirkung einer Tarnkappe und könnten eine blitzschnelle Invasion ermöglichen. Doch die Wetterbeeinflussung würde auch verheerende Flutwasserkatastrophen auslösen. Max bekommt Skrupel und sabotiert die Computerprogramme. Als die Bodenkontrolle das bemerkt, schickt sie eine neue Crew zur Ablösung. Ein mörderischer Wettlauf gegen die Zeit beginnt.

© HFF München/Egon Werdin, Thomas Merker

1984

„CUARENTENA" – EXIL UND RÜCKKEHR
Ausstrahlung ZDF

DYVI OFFSHORE
Los Angeles Asian Pacific Film Festival

DER WEIHNACHTSBAUM
Filmwochenende Würzburg

FLEISS UND HÄRTE
Solothurner Filmtage

HURE
Filmothek der Jugend Oberhausen

VERBOTENE HILFE
Ausstrahlung ZDF

1984

Markus Förderer über DAS ARCHE NOAH PRINZIP

Als ich im Sommer 1996 zum ersten Mal INDEPENDENCE DAY im Kino sah, wurde mir schlagartig bewusst: Das ist Kino! Das will ich auch machen! Fast Forward: Ich stehe in Amerikas größtem Studio neben Roland Emmerich. Es ist das Jahr 2015 und wir drehen gemeinsam INDEPENDENCE DAY: RESURGENCE. Vieles hat sich seit Rolands Zeit an der HFF München getan, doch sein Abschlussfilm DAS ARCHE NOAH PRINZIP ließ schon erahnen: Roland Emmerich erzählt nicht die Geschichten des Alltags. Er denkt in für das deutsche Kino ungewöhnlich großen Bildern.
Der Film spielt auf einer Weltraumstation. Space Shuttles und Militärhelikopter fliegen durchs Bild. Nur ein Verhörraum erinnert uns kurz daran: Hier ist jemand noch am Ausprobieren, dies ist ein Studentenfilm. Ansonsten wirkt dieser Abschlussfilm wie eine Multimillionen-Dollar-Hollywoodproduktion. Roland Emmerich ist Perfektionist und gibt nicht auf, bevor er das Bild vor seinem inneren Auge genauso auch auf der Leinwand sieht. Computergenerierte Sets und Kamerafahrten geben ihm die Möglichkeit, alles nach seiner Vorstellung zu gestalten. Totale Kontrolle.
Ich selbst habe während meiner Zeit an der HFF München gelernt, dass es nicht unbedingt darauf ankommt, was man erzählt, sondern wie man erzählt. Auch wenn Roland inzwischen ebenso eine Leidenschaft für kleinere, figurengetriebene Geschichten entwickelt hat, macht er in seiner Herangehensweise keinen großen Unterschied zwischen einem INDEPENDENCE DAY oder historisch ernsteren Stoffen wie ANONYMOUS. In Supertotalen erschafft er eine eigene Filmwelt, die nichts zu verstecken scheint. Im Vergleich zum Abschlussfilm hat sich das Erzähltempo beschleunigt, doch die Themen und Schauplätze kehren wieder: Seine Zukunftsvision einer vereinten Welt wie in INDEPENDENCE DAY: RESURGENCE sieht man schon im Abschlussfilm in der Partnerschaft der amerikanischen und europäischen Weltraumorganisationen. Damit war Roland Emmerich seiner Zeit weit voraus. Nur den Humor in seinen Filmen hat er erst später entdeckt. Gut so, denn Roland Emmerich kann neben seiner beeindruckend professionellen Art auch wahnsinnig lustig sein.

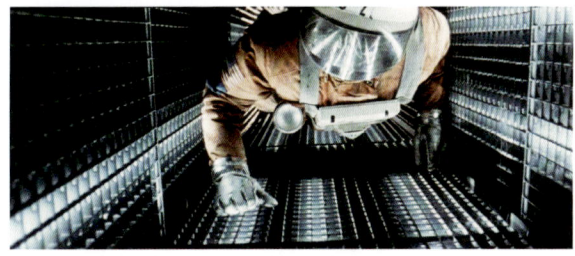

> **Ein mutiger Bewerbungsschuß vor den Bug Hollywoods.**
> (Hessische Allgemeine 20.3.1984)
>
> **Mit Bastlerfleiß und kinomaner Phantasie machte man wett, was am Budget fehlte.**
> (Darmstädter Echo 25.2.1984)
>
> **Pures Actionkino, das die Leinwand als Möglichkeit zur Verwirklichung von jeder Art von (Alp-)träumen begreift**
> (blitz 4/1984)
>
> **Für einen ersten Spielfilm ist die Leistung von Roland Emmerich mehr als beachtlich – und macht neugierig auf seinen nächsten Film.**
> (tz 10.3.1984)

DER FREMDE DONNER
Warsaw Student Film Review

NERZWÖLFE
Hofer Filmtage

VORWARNZEIT
Filmfest München

ASYL
Festival der Filmhochschulen München

DER KRIEG MEINES VATERS

Spielfilm, Drama, 52 min, 16mm, s/w
Buch & Regie: Nico Hofmann
Kamera: Ernst Kubitza
Produktionsleitung: Roland Suso Richter
Produktion: HFF München, Novoskop Filmproduktion

Mitten im Zweiten Weltkrieg. In den letzten Tagen vor seiner Einberufung erlebt ein 17-Jähriger zunehmend angstvoll, wie die große Politik in sein Leben eingreift. Basierend auf Original-Kriegstagebüchern von Nico Hofmanns Vater.

FESTIVALS

FILMWOCHE MANNHEIM

TAGE DES UNABHÄNGIGEN FILMS KARLSRUHE

...

Winter 1942. Der 17-jährige Hans Witte (Hans-Joachim Grau) lebt mit seiner Mutter (Gabriela Badura) in einem kleinen Vorort von Ludwigshafen. Eines Tages trifft die traurige Nachricht ein: Der Vater ist im Krieg gefallen. Hans' Mutter, die dem Nationalsozialismus ablehnend gegenübersteht, versucht – von ihrem linientreuen Nachbarn kritisch beäugt –, ihre Haltung auf ihren Sohn zu übertragen. Voller Misstrauen und Argwohn gegenüber einer kriegsbegeisterten Umwelt werden ihm alle Widersprüchlichkeiten bewusst, die die Deutschen damals bewegten.
Als Hans schließlich einberufen wird, verabschiedet er sich von seiner Mutter und zieht, wie der Vater vor ihm, in den Krieg.

© HFF München/Ernst Kubitza

1985

KALTES FIEBER
Berlinale

DER REKORD
Filmpreis der Stadt Zürich

SORELLA DI NESSUNO
Filmzwerge Münster

DER TRAUM DER SCHWESTERN PECHSTEIN
Ausstrahlung SWR

CADILLAC RANCH
Tage des unabhängigen Films Augsburg

BORDERLINE – DIE PROSTITUTION
DOK.fest München

1985

Benjamin Herrmann über DER KRIEG MEINES VATERS

Nach der Generation der Autorenfilmer wandten sich die Studenten der 1980er Jahre, dem „Jahrzehnt der Äußerlichkeit", dem Genre- und Publikumsfilm zu. Roland Emmerich und Sönke Wortmann waren die Helden dieser Jahre. Da muss Nico Hofmann, der von der Spielfilm- in die Dokumentarfilmabteilung gewechselt war, ein Außenseiter gewesen sein.

Mit seinem fein beobachteten, unaufgeregten, stillen und vielleicht gerade deshalb so persönlichen Abschlussfilm DER KRIEG MEINES VATERS schafft er es, das vorgestellte Marguerite-Duras-Zitat „Wir müssen uns erinnern, sonst wird sich alles wiederholen" eindrucksvoll zu visualisieren.

Der Ursprung des Films ist journalistisch-dokumentarisch, die Umsetzung nutzt Mittel des Spielfilms – eine Form, der sich Nico auch als Produzent immer wieder bedient hat. Wie überhaupt der Film als Ausgangspunkt seines filmischen Schaffens gesehen werden kann, so oft und intensiv, wie er sich mit dem Dritten Reich beschäftigt hat (LAND DER VÄTER, LAND DER SÖHNE; DRESDEN; DIE FLUCHT; NICHT ALLE WAREN MÖRDER; UNSERE MÜTTER, UNSERE VÄTER …).

Spannend jedoch zu sehen, wie Nicos Filme sich von der nüchternen, fast distanzierten Erzählweise seines Abschlussfilms zu den großen, außerordentlich publikumswirksamen Erzählungen hin entwickelt haben – die dennoch nicht weniger aufrichtig sind.

》 **Nico Hofmann beschreibt in seinem kleinen Film etwas, was er nicht kennt: die Jahre des Tausendjährigen Reiches, mit einer Sicherheit für Stimmungen und Regungen, die verblüfft. (…) Er läßt alles beiseite, was klischeehaft bekannt, schwarzweiß-griffig ist, um der Wahrheit der Menschen, von denen er erzählt, auf den Grund zu kommen.**
(FR 21.11.1986)

Unterstützt von einem spröde reduzierten Inszenierungsstil, entsteht so der eigentliche Film hinter der Netzhaut des Betrachters und läßt ahnen, was nicht zu zeigen ist.
(FAZ 20.11.1986) 《

VOM ZUSEHEN BEIM STERBEN
Ausstrahlung ARD

NACHTFAHRER
Hofer Filmtage

MARILYN
Ausstrahlung BR

IN AFRIKA IST MUTTERTAG
Filmfest München

TAMBOO-LIO UND DER TODESGÖTZE DER MAKUNDUCHI – Ausstrahlung ZDF

JETZT ODER NIE
Festival der Filmhochschulen München

NOBLESSE OBLIGE

PREISE
DEUTSCHER KURZFILMPREIS
FESTIVAL DER FILMHOCHSCHULEN MÜNCHEN
...

Kurzspielfilm, schwarze Komödie, 14 min, 35mm, s/w
Buch & Regie: Nikolai Karo
Kamera: Thomas Merker
Produktionsleitung: Helmut Bückle; Produktion: HFF München, Yakuza Film (Sönke Wortmann)

Nach über dreißig Jahren Ehe zieht eine Frau Bilanz. Sie rechnet ihrem Mann minutiös vor, was er sich während dieser Zeit hat zuschulden kommen lassen.

FESTIVALS
HOFER FILMTAGE
FILMFESTIVAL MAX-OPHÜLS-PREIS
FILMSCHAU NÜRNBERG
...

Ein vornehmes Landhaus, ein Ehepaar (Ilse Zielstorff, Jan Biczycki) beim Teetrinken im gepflegten Garten, Silbergeschirr, leise Musik im Hintergrund. Mit einem ausgeklügelten Punktesystem hat Martha Rimböck jede Verfehlung ihres Mannes in ihrem Zusammenleben notiert – der erste Eintrag in ihrem sorgfältig gepflegten Buch datiert auf fünf Tage nach der Hochzeit: „Hat gesagt, dass er mich nur wegen meines Geldes geheiratet hat." Doch auch sich selbst hat Martha dabei nicht ausgespart.
Jetzt ist es für sie an der Zeit, ihre ungleichen Konten auszugleichen. Sie vergiftet ihn.

© Yakuza Film

1986

UNTER STROM
Berlinale

AUF DER SUCHE NACH EL DORADO
Student Film Festival Tel Aviv

REISE FÜR DEN BLASSEN MA
Colloquio Warsaw

NEBEL JAGEN
Solothurner Filmtage

TANGO IM BAUCH
Ausstrahlung BR

AM ABEND ALLER TAGE
Cinema Giovani: Preis der Jury

Pia Strietmann über NOBLESSE OBLIGE

1986

Die Brötchen, die sie ihm serviert, isst er nicht. Zu pappig. Das Ei, zu hart. Wenn sie spricht, will er sie nicht verstehen. Aus seiner Verachtung macht er keinen Hehl. In NOBLESSE OBLIGE hasst ein Mann seine Ehefrau. Und umgekehrt. Unerträglich, diesem Ehepaar dabei zuzuschauen.

Doch die Frau hat einen Plan: Sie will abrechnen und präsentiert ihm ein Kontokorrent, in dem alles verletzende Verhalten der letzten Jahre aufgelistet wurde. Ihr Saldo: weit im Haben. Zeit für späte Rache. Als ein kühler Wind aufzieht, die Vögel ihre Kreise ziehen, die Bilder immer dunkler werden, ist dem Mann kalt. Das Gift, das sie ihm in den Kaffee gerührt hat, wirkt. Die Frau zieht ihr Tuch vom Kopf. Wirkt befreit. Doch klar, Adel verpflichtet, den Kaffee räumt sie nach dem Mord an ihrem Mann noch ab.

Klug inszeniert und in interessantem Spiel mit der Belichtung bildlich spannend erzählt, schafft diese Arbeit auch 30 Jahre später noch sehr zu beeindrucken. Man denkt darüber nach, was wäre, wenn jemand ein Konto schriebe für das Schlechte, das man tut. Hat diese abstruse Idee nicht auch etwas Religiöses? Ist der Film gezwungenermaßen schwarz-weiß oder war es ein bewusst gewähltes Stilmittel? Könnte die Geschichte auch nicht im Adels-Milieu spielen und hat die Frau jemals schwarze Zahlen eingetragen?

Fragen, die ich Niko Karo hätte stellen können, wenn wir zur gleichen Zeit studiert hätten. So muss ich ihn googeln: Hoppala! Niko Karo hatte oder hat irgendwas mit Sönke am Start, auch mit Caroline, Anno, Ewa, Chris und Klaus, zwei Kinder und eine Frau, dreht an allen Enden der Welt, und dann klingelt es: Stichwort C & A DAYDREAM. Ich in der Pubertät, Karo im „free spirit storytelling". Eine Werbung, die mir mehr Bock auf Barfuß-im-Sand-Laufen gemacht hat als alle BAYWATCH-Folgen zusammen. Die ist von ihm – und Startschuss seiner beeindruckenden Karriere.

Acht Jahre zuvor ist NOBLESSE OBLIGE feinstes, kluges, bildhaftes und bewegendes Kurzfilmstorytelling. Eine in Zahlen zusammengefasste, widerliche Ehe in einem kleinen schwarzen Büchlein. Hätte beinahe eine Werbung für den Moleskine sein können.

> ... die auch fürs Publikum sehr genußvolle Abrechnung einer Frau für eine jahrzehntelange Ehehölle.
> (SZ 31.10./1.11.1987)

KALTER FISCH
Filmfest München

AUFBRUCH DER BLUTCREW
Festival des phantastischen Films München

GEMEINE LÜGNER
Kurzfilmfestival Berlin

FOTOFINISH
Hofer Filmtage

HAFENKLANG
Festival der Filmhochschulen München

JUAN, ALS WÄRE NICHTS GESCHEHEN

Dokumentarfilm, 160 min, 16mm & Video, s/w
Buch: Osvaldo Bayer (Texte), Carlos Alejandro Echeverría
Regie & Kamera: Carlos Alejandro Echeverría
Produktion: HFF München
Kinostart: Juni 1990

Ein Journalist macht sich nach dem Sturz der Militärdiktatur in Argentinien auf die Suche nach einem Studenten, der entführt wurde und seitdem spurlos verschwunden ist.

FESTIVALS
FESTIVAL DEL NUEVO CINE LATINOAMERICANO HAVANNA

FILMFEST MÜNCHEN

FESTIVAL DE OPERAS PRIMAS BARILOCHE
...

Der Student Juan Marcos Herman verschwindet Ende der 1970er Jahre, zur Zeit der Militärdiktatur, aus seiner Heimatstadt Bariloche in Argentinien. Damit gehört er zu den geschätzt 30.000 „Desaparecidos" (Verschwundenen), deren Mütter sich zusammengeschlossen haben und auf dem Platz vor dem Regierungsgebäude (Plaza de Mayo) demonstrieren, um Kenntnis über den Verbleib ihrer Kinder zu erhalten – auch die Mutter Juans, die im Film zu Wort kommt.

Der Journalist Esteban Buch geht 1986 dem Verschwinden Juans nach und fragt nach den Verantwortlichen, nach den damaligen Reaktionen der Bürger und danach, wie die argentinische Gesellschaft mit dieser Vergangenheit umgeht: Wie hat damals die Gesellschaft reagiert, wie steht sie heute dazu? Ein Großteil der Verantwortlichen hat zwischenzeitlich Karriere in der Armee gemacht und spricht vor der (teils versteckten) Kamera über die damaligen Vorgänge.

© HFF München/Carlos Alejandro

1987

REIGEN
Berlinale

HEXE!
Tage des unabhängigen Films Augsburg

DER SUPER
Filmfestival Max-Ophüls-Preis

FINGER
Trossinger Filmtage: Nino-Rota-Preis

ALBERTS TRÄUME
Ausstrahlung BR

German Kral über JUAN, ALS WÄRE NICHTS GESCHEHEN

1987

16. Juli 1977. Juan Marcos Herman, 22 Jahre alt, Jurastudent, wird in Bariloche, einer Stadt im Süden Argentiniens, mitten in der Nacht aus seinem Elternhaus entführt. Es ist die Zeit der argentinischen Militärdiktatur, in der Tausende von Menschen kaltblütig umgebracht wurden. Juan wird einige Wochen später in einem versteckten KZ in Buenos Aires von einem Mitgefangenen gesehen. Danach verschwinden alle Spuren von ihm. Nichts bleibt. Gar nichts mehr.

Der Film zeigt, wie sich zehn Jahre nach der Entführung von Juan ein junger Journalist – im selben Alter wie Juan, als er verschwand – auf den Weg macht, um Juans Verschwinden zu rekonstruieren. Was ist damals genau passiert? Wer hat was gesehen? Wer hat was unternommen? Wer hat gar nichts getan?

Der Film stellt unbequeme Fragen, die nur ausweichend oder gar nicht beantwortet werden. Der junge Journalist befragt Journalisten, verantwortliche Militärs, Justizbeamte, Politiker ... Niemand weiß etwas über Juan. Niemand will etwas über ihn wissen. Alle wollen nur, dass das Interview so schnell wie möglich aufhört. Nur Juans Eltern, die von einer stillen Verzweiflung umgeben sind, erzählen von ihm.

Formal ist der Film extrem modern und spannend erzählt. 16mm-Filmaufnahmen werden mit Videoaufnahmen montiert. Eine Mischung aus Fiktion und Dokumentarfilm, die 1987 sehr mutig war. (Wie überhaupt der ganze Film sehr mutig ist – gedreht nur ein paar Jahre nach dem Ende der Militärdiktatur in Argentinien.)

Ich erinnere mich an mein einziges Gespräch mit Carlos Echeverría, in einer Bar in Buenos Aires. Das muss 1990 gewesen sein. Ich wollte mich an der HFF München bewerben und eine Tante hatte den Kontakt mit ihm eingefädelt. Ich war damals genauso jung wie Juan und dachte, dass ich viel vom Filmemachen verstehe. Ich sagte Carlos, dass Dokumentarfilme „nur" eine Art der Fiktion seien. Er schaute mich an, lachte, und sagte mir, dass eigentlich Spielfilme eine Art von Dokumentarfilmen seien. Nachdem ich jetzt seinen Film sah, musste ich mich an diese Worte von ihm erinnern ...

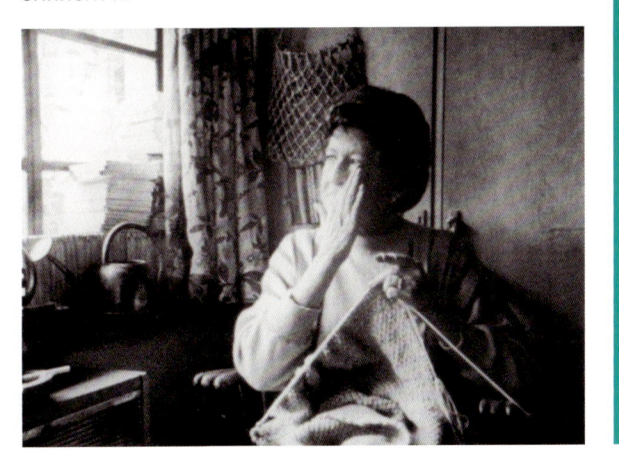

> **Leise, unerbittlich arbeitet sich der Filmemacher vor, so nah, wie offizielle Teams überhaupt nicht mehr können.**
> (Film & TV Kameramann 12/1988)
>
> **Weil die politische Macht auf dieser Erde (...) noch immer aus den Gewehrläufen kommt, werden noch immer Filme gebraucht, die im engeren Sinne politisch sind und mit den Mitteln geschossener Bilder den erschossenen Menschen nachspüren.**
> (Andreas Rost in: Dokumentarfilm als Zeichen der Zeit, München 1992)
>
> ... una película clave en la historia del documental argentino ...
> (Centro Cultural de la Memoria Haroldo Conti 3/2013)

CARGO
Ausstrahlung ZDF

SCIENCE REPORT
Hofer Filmtage

CHAMLET
Ausstrahlung WDR

ZOE
Filmfest München

DIE ORDNUNG DER DINGE
Europ. Kurzfilmpreis: Hauptpreis für Regie

EIN TAG WIE EIN JAHR
Ausstrahlung BR

STACHOVIAK!

Kurzspielfilm, 35 min, Super 8 & Video, color & s/w
Buch & Regie: Philip Gröning
Kamera: Hito Steyerl
Produktion: Philip Gröning Filmproduktion (Philip Gröning), HFF München

Ein braver Postbeamter wird zum Amokläufer. Andere würden sagen: aus Menschenhass. Er würde sagen: gegen seinen Willen, denn alles, was er wollte, war so zu sein wie alle anderen auch.

FESTIVALS
FILMFEST MÜNCHEN
EUROPEAN MEDIA ART OSNABRÜCK
FESTIVAL DER FILMHOCHSCHULEN MÜNCHEN
TAGE DES UNABHÄNGIGEN FILMS OSNABRÜCK
…

In jedem Fall ist Stachoviak (Peter Cieslinski) ein ganz gewöhnlicher Mensch. Er hat keine Krankheit. Er ist wie alle anderen – nur ein bisschen genauer. Dies ist seine Geschichte. Von einem, der so ganz dringend sein will wie alle anderen auch. Und dem die Sache über den Kopf wächst. Oder auch immer schon über den Kopf gewachsen ist. Stachoviak, Postbeamter, Junggeselle, allein lebend, 33 Jahre, hat Angst. Und Wut hat er, oder vielmehr Hass, unbändigen Hass. Der stärker wird. Er versucht, sich zu beherrschen. Er will es nicht tun. Aber man versucht, ihn zu zwingen. Die Welt rast in seinem Kopf. Er weigert sich, verschanzt sich in der Wohnung. Und muss doch wieder hinaus. Obszönstes Menschengewoge um ihn, fast meint er ohnmächtig zu werden. Das Licht zerstört seine Augen und die Welt rutscht mit einem Ruck beinahe weg. Da kommt ihm der weiße Bauch gerade recht. Er hat alles nicht gewollt.

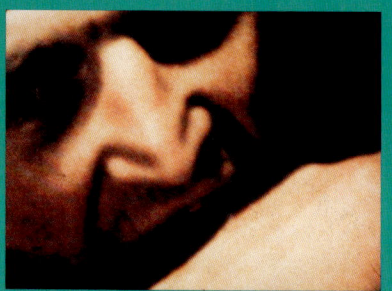

© Philip Gröning/Hito Steyerl

1988

NACHTS
Berlinale

GLÜCK ZUM ANFASSEN
Kurzfilmtage Oberhausen

DIE ANDEREN
Hessische Filmtage

DIE KLEINE FRAU
Tage des unabhängigen Films Augsburg

DA SCHAUT MAN NICHT
Tage des unabhängigen Films Karlsruhe

Heiner Stadler über STACHOVIAK!

1988

„Man muss ihn anschauen wie ein Bild." Das schreibt der Regisseur zu seinem Film. Und der Postbeamte Stachoviak sagt „ich liege im Bett, kann nicht schlafen und die Wut tobt in mir in solchem Extrem ..." – aber das hat natürlich auch der Regisseur für seine Figur geschrieben und alles zielt darauf ab, dass wir den Film wie ein Bild sehen müssen, wie ein inneres Bild von Stachoviak. Dass wir eben nicht die Leinwand mit einem darauf projizierten Bild wahrnehmen, sondern das Innere eines Beamten, der so sein will wie wir.

Stachoviak schafft es nicht und sagt am Ende: „Ich habe sechsmal geschossen, es war sehr still. Ich bin ein normaler Mensch und habe keine Krankheit. Ich glaube, nichts ist anders als sonst, nur ein bisschen genauer. Punkt. Wer sich das denken kann, hat verstanden. Punkt."

Stachoviak, gespielt von Peter Cieslinski, hat ein Fieberbläschen auf der Unterlippe. Hat er es wirklich? Ist es geschminkt? Oder wird zufällig Vorhandenes bewusst benutzt? Natürlich gibt der Film keine Antwort. Wir sehen ja nicht den Amokläufer Bernhardt Stachoviak. Wir sehen mit seinen Augen die gemeine Welt. Da ist es völlig richtig, den Film mit Super 8 und Schwarz-Weiß-Video zu drehen und ihn auf 16mm aufzublasen, um ihn überhaupt zeigbar zu machen. Aber das sind nur technische Entscheidungen.

Viel wichtiger ist die Arbeit mit der Kamerafrau Hito Steyerl, mit Susanne Gaensheimer, die für Maske und Kostüm verantwortlich ist, mit Ira von Gienanth als Produktionsassistentin und mit Rolf Basedow als Schnittberater. Und alle vier und auch der Redakteur Dieter Hens, der ansonsten für ROCKPALAST beim WDR zuständig war, treffen Entscheidungen, die heute, dreißig Jahre später, grausam unkonventionell, aber gerade deshalb zeitgenössisch aussehen.

Und noch etwas: Die ersten Aufnahmen des Off-Textes waren dem Regisseur zu pathetisch. Also sprach er den Text selbst auf ein Diktaphon, setzte Cieslinski einen Kopfhörer auf und ließ ihn zeitgleich hören und sprechen. Schwer vorstellbar. Schwer machbar. Aber nur so wird die Verzweiflung des Postbeamten Stachoviak spürbar.

Und aus dem Mörder wird ein „normaler Mensch".

Und aus Gröning ein Regisseur, der das Risiko liebt.

> **Eine neuartige Filmsprache hatte vor allem Philip Gröning zu bieten, (...) der das schmerzhafte, komprimierte Psychogramm eines Menschen entwarf, der unfähig ist, seine Gefühle zu zeigen und unter dem Erwartungsdruck seiner Umwelt zum Triebtäter wird.**
> (Tsp. 10.7.1988)
>
> **Ein atemberaubendes Film(wahn)gebilde! (...) Der Gedanke wird im Augenblick des Gedachtwerdens zu Film, das Gefühl explodiert unmittelbar ins Bild.**
> (AZ 29.6.1988)

ZUNGE IN MADEIRA
Filmfest München

DAZWISCHEN
Feminale

SOMMER
Bergamo Film Meeting: Hauptpreis

ZEMENT
Hofer Filmtage

A HARLEY IS A MAN'S BEST FRIEND
Duisburger Filmwoche

TOD EINES IDIOTEN
Biberacher Filmfestspiele

DREI D

PREISE
NOMINIERUNG
STUDENT
ACADEMY AWARD

HOFER FILMTAGE
...

Spielfilm, Komödie, 50 min, 16mm, color & s/w
Buch & Regie: Sönke Wortmann
Kamera: Johannes Kirchlechner
Produktion: Yakuza Film (Nikolai Karo, Stefan Müller), HFF München
Im Auftrag von: SWF, BR, WDR

Ein Regisseur dreht an der Münchner Filmhochschule seinen Abschlussfilm über einen Filmhochschüler, der seinen Abschlussfilm dreht und sich in die Hauptdarstellerin verliebt.

Filmstudent Mathias (Michael Schreiner) und sein Regieassistent Theo (Claus-Peter Seifert) drehen Mathias' Abschlussfilm ZWEI D über einen Filmhochschüler, der seinen Abschlussfilm dreht. Dabei schlagen sie sich mit den Unzulänglichkeiten der Technik, der Amateurhaftigkeit der Schauspieler und chronischer Budgetknappheit herum. Alle sind mit den Anforderungen einer Film-im-Film-Produktion überfordert. Zudem ist Mathias unglücklich in seine hübsche, aber talentlose Hauptdarstellerin Eva (Katharina Müller-Elmau) verliebt.

Er gerät in eine tiefe Krise und flüchtet sich in Tagträume über seine Kindheit, seine Aufnahmeprüfung an der Filmhochschule und ein Leben mit Eva. Diese Träume gipfeln darin, dass er, mit Eva an seiner Seite, für seinen Film ZWEI D mit einem „Oscar" ausgezeichnet wird. Nachdem Eva die Dreharbeiten abbrechen muss und von Mathias auf dem Rollfeld des Flughafens verabschiedet wird, ruft plötzlich jemand aus dem Off „Aus!" und es stellt sich heraus: Auch Mathias ist nur eine Filmfigur, die im Abschlussfilm von Sönke Wortmann mitspielt.

© Yakuza Film

1989

HANSAPLATZ – ICH BRAUCH', WO SICH WAS RÜHRT
Kurzfilmtage Oberhausen

SEKT ODER SELTERS
Tage des unabhängigen Films Osnabrück

DER PAMPELMUSENMOND
Trossinger Filmtage

DAS CELLER LOCH
Göttinger Film Fest

1989

Christian Ditter über DREI D

DREI D von Sönke Wortmann war der erste Film, den ich an der HFF gesehen habe, am Tag der Offenen Tür kurz nach meinem Abi. Ich hatte zuvor noch nie einen „Studentenfilm" gesehen.

Als das Licht im Kino ausging und der Film begann, in Schwarz-Weiß, dachte ich aus irgendeinem Grund, dass nun etwas Anstrengendes, Sperriges folgen würde – aber der Film war unterhaltsamer als die meisten deutschen Langfilme zu der Zeit. Er war lustig, bunt und laut, aber auch nachdenklich, leise und intim. Ich war beeindruckt davon, wie Sönke verschiedene Materialien mixte, wie leichtfüßig er die Genres wechselte, wie raffiniert der Film strukturiert war und wie authentisch er wirkte.

Die Diskussionen mit Schauspielern am Set, in einem mit Filmpostern versehenen Zimmer sitzen und *Film verstehen* lesen, beim Mittagessen in der HFF-Cafeteria mit Kommilitonen über Film diskutieren und keinen Konsens finden, die unterschiedlichen Charaktere und zwischenmenschlichen Beziehungen an einem Filmset. Das alles fühlte sich wahnsinnig echt an. Im folgenden Jahr, als ich selbst in der HFF-Aufnahmeprüfung saß, hat sich die Szene aus Sönkes Film wie in einem Déjà-vu bis ins kleinste Detail ereignet – von der Feststellung, dass man es von 700 Bewerbern zumindest unter die ersten 40 geschafft hat, über die tatsächlich gestellte Frage, warum man überhaupt Film machen wolle, bis hin zu dem lässig über die Schulter von Prof. Längsfeld hängenden Jackett.

Da habe ich verstanden, was Sönkes Filme so wahnsinnig lustig, emotional und liebenswert macht: Sie sind vom wahren Leben inspiriert. Hervorragend beobachtet. Sie haben nicht nur Humor, sondern eine klare Perspektive, eine Haltung, Bedeutung. Weil sie persönlich sind. Weil die Hauptfigur immer auch etwas von Sönke hat.

Deswegen glaube ich auch, dass eigentlich Sönke spricht, als sein Alter Ego in DREI D von einer Journalistin gefragt wird: „Warum machst Du eigentlich Filme?" Seine Antwort lautet: „Weil es Spaß macht."

> **Sönke Wortmann liefert mit dieser Examensarbeit der Münchner Filmhochschule ein raffiniert verschachteltes Gesellenstück.**
> (epd Kirche und Rundfunk 3.12.1988)
>
> **... auf eine hochintelligente Weise komisch, vermischt mit Witz die Familiengeschichte des angehenden Filmemachers mit der Geschichte des Films von Godard bis Woody Allen (...) und zeigt unzweifelhaft eine eigenwillige und verblüffend sichere Handschrift.**
> (Tsp. 8.10.1989)
>
> **... eine knappe Stunde lang und hinreißend komisch, respektlos witzig und liebevoll cineastisch.**
> (Die Welt 1.11.1988)

NATHALIE
Hofer Filmtage

HÖR AUF ZU HEULEN, HERMANN
Filmfest München

DANN WERDEN SIE SCHON SCHIESSEN ...
Duisburger Filmwoche

1990er

STEP ACROSS THE BORDER

PREISE
EUROPÄISCHER FILMPREIS
NOMINIERUNG DEUTSCHER FILMPREIS
HESSISCHER FILMPREIS
SAN FRANCISCO FILM FESTIVAL
DOK.FEST MÜNCHEN
FESTIVAL FIGUEIRA DA FOZ
UPPSALA FILM FESTIVAL
…

Dokumentarfilm, Musikfilm, 90 min, 16mm, s/w
Buch & Regie: Nicolas Humbert, Werner Penzel
Kamera: Oscar Salgado
Produktion: Cine Nomad Filmproduktion, Res Balzli & Cie Filmproduktion; Koproduktion: NDR, BR, WDR
Kinostart: 27. September 1990

Kennen Sie ein weißes Kaninchen, das trompetend auf seinem fliegenden Teppich die Welt umkreist? Vielleicht ist es Ihnen schon einmal in Zürich, Leipzig, London, Tokyo oder New York über den Weg gelaufen?

Der experimentelle Musiker Fred Frith trifft Musikerkollegen wie John Zorn, Arto Lindsay, Ciro Battista, Iva Bitová, Bob Ostertag, Joey Baron, Jonas Mekas, Robert Frank und vereint sie in einer filmischen Improvisation über Rhythmus, Bilderlust und Lebensfreude. Konzertmitschnitte, Interviews in heruntergekommenen Hotelzimmern und Kamerafahrten durch Metropolen wie New York und Tokio vermischen sich zu einer mitreißenden Klangreise. Musik und Bild agieren eigenständig, keines unterwirft sich dem anderen und doch ergeben sich Überschneidungen, die mal komisch, mal absurd, mal einfach schön sind – wie die Maisfelder im Wind, die einen magischen Augenblick lang im Rhythmus von Friths Improvisationen schwingen. Ein schwarz-weißes Augenzwinkern über den Zusammenhang zwischen Schnellbahnen, Stürmen und elektrischen Gitarren und ein Diskurs über den Geist des Musik- und des Filmemachens.

FESTIVALS
BERLINALE
FESTIVAL DEL FILM LOCARNO
TORONTO FILM FESTIVAL
FILMFEST DRESDEN
…

© Cine Nomad

1990

ES LEBE DER R …
Berlinale

LIFEPAK
Nominierung Deutscher Kurzfilmpreis

RASH AUA
Filmfest München

DIE MACHT LIEGT WOANDERS
Tage des unabhängigen Films Osnabrück: Hauptpreis

DER MITTAGSCHLAF
Filmschau Nürnberg

BARGAINTOWN – DUBLIN, LIFFEY QUAYS
DOK.fest München

Thomas Riedelsheimer über STEP ACROSS THE BORDER

1990

Als Filmemacher ist es manchmal gar nicht so leicht herauszufinden, welche Einflüsse die eigene Art, die Welt zu sehen, geprägt oder verändert haben. Manche Filme haben eine Langzeitwirkung, eine hohe im Hintergrund wirkende Halbwertszeit. STEP ACROSS THE BORDER ist so ein Film für mich.

Ich habe das ungewöhnliche Musikerporträt das erste Mal als Student im HFF-Kino gesehen. Schwarz-weiß, laut, witzig, unkonventionell, frisch, philosophisch. Eine stilistische Mischung aus unmittelbar beobachteten Szenen verbunden mit inszenierten Momenten, die eine neue Bilderwelt und Blickweise eröffnen. Ein Porträt, das keine biografischen Verpflichtungen erfüllt, sondern einen Menschen und seinen Blick auf die Welt in den Mittelpunkt stellt. Ohne Anspruch auf eine lineare Erzählung oder auf das Einhalten eines geografischen und zeitlichen Kontinuums – nur der inneren und emotionalen Logik folgend.

Einige brillante Szenen werden mir immer im Gedächtnis bleiben: Das zentrale Gespräch zwischen Nico und Fred im kleinen Küchenzelt, abends, neben einer Schnellstraße in Japan. Der Koch zerteilt Knochenteile und Fred redet über das Künstlerdasein. Oder die Szene mit Jonas Mekas, der uns den „Butterfly-Effekt" erklärt, indem er mit der Hand gegen ein Blech schlägt. Oder Fred, wie er in einem Möwenschwarm steht und versucht, über seine Geige mit den Vögeln zu kommunizieren.

Die Bilder: die knetende Teigmaschine, Gräser im Wind, lange Schatten auf nassen Straßen, Mauern, Blicke, Bewegung. Viele Bilder muss ich damals wohl unterbewusst gespeichert haben. Erst jetzt wird mir bewusst, dass ich immer wieder ähnliche Bilder suche und finde.

Ein ganz wunderbarer Film, der einem viel über den kreativen Prozess offenbaren kann. Nicht nur über den des Protagonisten Fred Frith, auch über den des Filmemachens. Über diesen unglaublich spannenden Prozess, sich seinen ganz eigenen Blick auf die Welt zu erobern und einen Ausdruck dafür zu finden.

> Un film intelligent, esthétiquement harmonieux, et presque pédagogique. Un pédagogie de la vie par l'art et de l'art tout court.
> (Cahiers du Cinéma 2/1990)
>
> Die Art, wie der Film die Augen offenhält, erinnert an die Kurzfilme von Wenders. Es gibt darin dieselbe Hartnäckigkeit, der Welt solange ins Gesicht zu sehen, bis sie selbst im Allergewöhnlichsten ihre Schönheit offenbart.
> (SZ 5.10.1990)
>
> ... in their musical portrait of Mr. Frith (...) they carry his open-ended esthetic to movie making. The result might be described as a kind of Dadaist symphony of sound and image ...
> (The New York Times 19.2.1990)

JOSEFINE – Festival des phantastischen Films München: Bester Kurzfilm

SOMMERTAGE
Hofer Filmtage

KUSS ISABELLE
Deutscher Kurzfilmpreis: Filmband in Silber

QUEIMADA
Festival der Filmhochschulen München

DAS LACHENDE GEWITTER

Kurzspielfilm, Satire, 14 min, 16mm, color
Buch: Hans-Christian Schmid (nach einer Idee von Herbert Achternbusch)
Regie: Hans-Christian Schmid; Kamera: Wolfgang Aichholzer
Produktionsleitung: Thomas Wöbke; Produktion: HFF München

In dieser satirischen Aufbereitung eines typischen Fernsehberichts wird eine Leiche gefunden. Die Gemeinde dreht durch. Ein bemühter Reporter hakt nach.

FESTIVALS

SEHSÜCHTE FILM
FESTIVAL
...

Aktuelle Nachrichten vermelden: Im Landkreis Starnberg wird von Spaziergängern eine Leiche im Wald gefunden. Unsicher ist noch, ob es sich um ein Opfer des großen Unwetters handelt. Kurz darauf nimmt sich der Besitzer des Waldgrundstücks, auf dem die Leiche gefunden wurde, das Leben. Besteht ein Zusammenhang? Der Reporter vor Ort (Andreas Similia/Jung) interviewt die Dorfbewohner, die Statements der Betroffenheit, Skepsis und Spekulation abgeben: War es Unwetter, Mord, Autokannibalismus? Auch der Polizeikommissar (Gottfried Drexler) hält das Nachrichtenteam mit Vermutungen auf dem Laufenden. Inzwischen schalten sich die Dorfbewohner in die polizeiliche Suche nach weiteren Leichenteilen im Wald ein. Die Spekulationen verdichten sich: Viola muss Schuld sein, das lachende Gewitter. Sie kam unangekündigt, überraschend. Müssen wir wirklich vom Schlimmsten ausgehen? Das Verteidigungs-mi-nisterium kündigt die Sprengung des Waldstücks an. Da! Blitz! Donner! Das nächste Unwetter! Dabei ist das Waldstück doch noch voller nach Leichenteilen suchender Dorfbewohner!

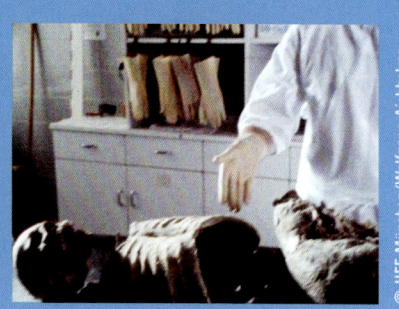

© HFF München/Wolfgang Aichholzer

1991

SALZ FÜR DAS LEBEN
Berlinale

MAL SEHEN, WAS DRAUS WIRD
Kurzfilmtage Oberhausen

SCHROTT
Filmfest München

LAUTLOS
Filmfestival Max-Ophüls-Preis

EIN SCHÖNER ABEND
Tampere Short Film Festival

MIKIS THEODORAKIS – EINE STIMME FÜR DIE FREIHEIT
DOK.fest München

Matthias Kiefersauer über DAS LACHENDE GEWITTER

1991

Keiner weiß wirklich etwas. Aber alle reden darüber. Und das Fernsehen sendet es. So war das damals in den späten 1980er und frühen 1990er Jahre, kurz nachdem die Senderlandschaft in Deutschland explodiert war und man Programm brauchte für die viele neue Sendezeit. Ein immerwährendes Sommerloch, das mit Versatzstücken von Journalismus gefüllt wurde. Boulevard in voller Blüte.

DAS LACHENDE GEWITTER kommt daher wie ein Fernsehbeitrag seiner Zeit. Angekündigt von einer seriösen Sprecherin nähert sich ein Reporter – ja, wem oder was eigentlich? In einem Waldstück wurde jedenfalls eine halb verweste Leiche gefunden. Und ein Auto. Und noch ein paar Knochen. Man munkelt von Autokannibalismus – oder von einem Schlaganfall angesichts eines „lachenden Gewitters". Keiner weiß wirklich etwas. Aber alle reden darüber. Der Film könnte ein Zeitdokument sein – und ist doch die Persiflage davon. Aber das versteht man erst am Ende.

Hans-Christian Schmid hat all diese Ungenauigkeiten ganz genau inszeniert. Schmid, damals Student der Abteilung Dokumentarfilm und Fernsehpublizistik, wagte eine Grenzüberschreitung: Er drehte einen Spielfilm, der aussah wie ein Fernsehbeitrag. Und damit ließ er schon mal sein fiktionales Talent aufblitzen.

Wenn man DAS LACHENDE GEWITTER sieht, verwundert die berufliche Laufbahn von Hans-Christian Schmid nicht: Ganz genau hinschauen und dann erzählen – das konnte er schon als Student.

Er hat dieses Talent in den Jahren nach der Filmhochschule nur noch verfeinert – und so ganz nebenbei eine Horde von Schauspielerinnen und Schauspielern entdeckt, die heute zu den wichtigsten des Landes zählen. Das Trüffelschwein des deutschen Spielfilms begann mit einem gefälschten Fernsehbeitrag. Was für eine Karriere!

> **Ein spannender und faszinierender Einblick in das Schaffen eines herausragenden Talents noch vor seinem großen Durchbruch.**
> (Sehsüchte Festival Retrospektive 2010)

UNTER FREUNDEN
Nominierung Deutscher Kurzfilmpreis

NACHTS SCHREIEN DIE KATZEN
Hofer Filmtage

DAS PANTHERHAUS
DOK Leipzig

ABOUT WAR

PREISE
NOMINIERUNG
STUDENT ACADEMY
AWARD
...

Kurzspielfilm, Drama, 17 min, 35mm, color
Buch & Regie: Miguel Alexandre; Kamera: Brendan Galvin
Inspiriert von der Kurzgeschichte *An Occurrence at Owl Creek Bridge* von Ambrose Bierce
Produktion: Andreas Schneppe, Andreas Ulmke-Smeaton
Koproduktion: HFF München, College of Commerce Dublin; Associate Producers: Anne O'Sullivan, Claire Mould

Es herrscht Bürgerkrieg. Familien entzweien sich im Kampf der Ideologien. Ein Mann wird wegen Sabotage gehängt. Im Angesicht des Todes halluziniert er seine Rettung.

Während des irischen Bürgerkriegs im Jahre 1922 finden sich die Brüder Séan (Luke Hayden) und Paul (Tom Lawlor) plötzlich auf gegnerischen Seiten wieder. Der jüngere Bruder Séan brennt die Scheune des Älteren nieder, die Soldaten als Waffenlager benutzen. Er wird gefasst und soll gehängt werden. Das Ende ist zugleich der Anfang der Geschichte: Séan steht auf einem schmalen Brett, das wie ein Sprungbrett weit über einen felsigen Abgrund reicht.

Um seinen Hals liegt eine Schlinge. Vom Tod trennt ihn nur ein kleiner Schritt. Da fängt Séan an zu fantasieren: wie er seinen Peinigern entflieht, auf seiner Flucht Hilfe vom älteren Bruder bekommt und schließlich wieder zu seiner Frau (Sheila Flitton) und den Kindern (Jamie McGann, Orla Gaye, Emer Hogan) zurückkehrt. Doch Séans Wunsch bleibt Hoffnung.

© HFF München/Brendan Galvin

1992

DAS HAUS MIT DEM BANANENBAUM
Filmfestival Max-Ophüls-Preis

FREISPIEL
Ausstrahlung HR

BOLIDEN
Grenzland-Filmtage Selb

DUELL IM LABYRINTH
Murnau-Kurzfilmpreis

Dorothee Schön über ABOUT WAR

1992

Männerfüße in klobigen alten Schuhen auf einer Holzplanke – damit beginnt der Film. Die Kamera fährt los und erfasst ein weiteres Paar Füße, die ebenfalls auf der Planke stehen. Und noch bevor man wirklich verstehen kann, was dieses Bild zu bedeuten hat, springt die Geschichte zu liebevollen ländlichen Familienszenen in Irland 1922, Zeit des Bürgerkriegs.
Séan, der Protagonist, besucht mit Frau und Kindern seinen Bruder. Was als unbeschwertes Familienfest beginnt, endet als Tragödie: Séan sabotiert ein Waffenlager, das das Militär auf der Farm des Bruders unterhält, und soll dafür gehängt werden.

Da sind sie wieder – die Füße auf der Planke. Und diesmal verstehen wir das Setting: Es ist Séan, der mit dem Strick um den Hals über dem Abgrund steht und exekutiert wird. Als er fällt, bricht der Ast, an dem er hängt. Séan kann entkommen. Doch diese Rettung entpuppt sich als der Traum des Verurteilten: Das letzte Bild zeigt eine andere Realität: Der Galgen hält – Séan ist tot.

Diese elliptische Erzählweise macht den besonderen Reiz des Films aus. Von seinem letzten Bild her erschließt sich die ganze Grausamkeit des Krieges.

Man wünscht sich so sehr, dass der Held davonkommt. Und zunächst scheint der Film auch diesen Wunsch erfüllen zu wollen. Aber die Lektion ABOUT WAR ist: Es gibt keine privaten Happy Endings. Die Realität ist grausam, banal und rücksichtslos.

Miguel Alexandre, der mit diesem Film für den Oscar für den besten ausländischen Studentenfilm nominiert war, setzt seine filmischen Mittel gekonnt ein: Gefühlvolle Musik, komponierte 35mm-Bilder, dramatisierende Schnittfolgen, extrovertierte Darsteller – eine mutige Breitseite dessen, was Kino kann.

Und damit war der Film auf der Höhe seiner Zeit. Es ging seit den 1980er nicht mehr darum, intellektuelles Kopfkino zu machen, das Botschaften wie Monstranzen vor sich herträgt. Kino sollte ein sinnliches und emotionales Erlebnis sein. Und Hollywood war keineswegs ein Feindbild. „Bigger than life" hieß die Devise, vor allem in der Spielfilmabteilung der HFF.

> Ohne viel Dialog hat Alexandre eine spannungsreiche Geschichte mit unvorhersehbarem Ende gedreht, Verfolgungsjagden durch Wasser, Wald und Wiese inszeniert, die sich letztlich doch nur im Kopf des Protagonisten abspielen.
> (SZ 22.8.1993)
>
> Eine expressionistisch anmutende Parabel ...
> (SZ 12.2.1997)

DIE UNGEWISSE LAGE DES PARADIESES
Filmfest München

AUS GUTEM GRUND
Nominierung Student Academy Award

RUNAWAY
Festival de escuelas de cine Mexiko

MORGENGRAUEN
Hofer Filmtage

ABGESCHMINKT!

PREISE
STUDENT ACADEMY AWARD
DEUTSCHER FILMPREIS
BAYERISCHER FILMPREIS
UPPSALA FILM FESTIVAL
STARTER FILMPREIS DER STADT MÜNCHEN
ERNST-LUBITSCH-PREIS
...

Spielfilm, Komödie, 55 min, Super 16, color
Buch & Regie: Katja von Garnier; Kamera: Torsten Breuer
Produktion: VELA-X Filmproduktion (Ewa Karlström, Katja von Garnier), HFF München
Koproduktion: ARRI, BR
Kinostart: 1. Juli 1993

Eine Cartoonistin in der Schaffenskrise sucht in den Männerabenteuern ihrer besten Freundin neue Inspiration für ihre Comics. Bis der Spieß sich umdreht.

Frenzys (Katja Riemann) Comics über die Liebe müssen optimistischer werden. Der Chef (Peter Sattmann) gibt ihr noch eine letzte Chance. Aber das Leben der zynischen Cartoonistin ist alles andere als inspirierend. Von Männern hat Frenzy die Nase voll. Also dient ihre beste Freundin Maischa (Nina Kronjäger) mit ihren Liebesabenteuern als Vorlage. Maischas Rendezvous mit ihrer neuesten Eroberung, Traummann René (Gedeon Burkhard), verspricht genau die Inspiration, die Frenzy für ihre Comics braucht. Als Bedingung muss Frenzy aber Renés bestem Freund, Nervensäge Mark (Max Tidof), die Stadt zeigen. Frenzy ist davon wenig begeistert. Plötzlich aber wendet sich das Blatt: Unverhofft verliebt sich Frenzy in Max und Maischas Märchenprinz René entpuppt sich als Frosch.

FESTIVALS
BERLINALE
SUNDANCE FILM FESTIVAL
LONDON FILM FESTIVAL
CHICAGO FILM FESTIVAL
...

© VELA-X Filmproduktion

1993

ÜBER GIESING
Tage des unabhängigen Films Augsburg

SUDAKA
Filmfestival Max-Ophüls-Preis

SAARABA
Living Room Festival San Francisco

INNENANSICHTEN
DOK.fest München

Amelie Fried über ABGESCHMINKT!

1993

Warum habe ich mir ABGESCHMINKT! eigentlich damals nicht angesehen, als er im Kino lief und ein Riesenerfolg war? Spontan würde ich sagen, weil ich misstrauisch allem Zeitgeistigen gegenüber war, und ABGESCHMINKT! ist der Prototyp einer Zeitgeist-Komödie. Wahrscheinlich war der Grund aber ein ganz anderer: 1993 war ich schon verheiratet, hatte mein erstes Kind und lebte in der ländlichen Idylle. Die Probleme der Frauen unter 30, die auf der Suche nach einem Mann sind, waren mir herzlich egal – ich hatte ja meinen Traumprinzen gefunden.

Jetzt endlich habe ich den Film gesehen – und das mit großem Vergnügen. Natürlich spielt er mit Klischees wie der Was-zieh'-ich-bloß-an-Verzweiflung vor dem Rendezvous und der Vorstellung eines Traummannes, der einen fordert, inspiriert und dazu noch eine Kanone im Bett sein soll. Von kreativen Frauen, die ans Kinderkriegen denken, wenn's im Job nicht läuft, und der schmollmundigen Süßen, die den ältesten aller Anmachtricks („Hast du mal Streichhölzer?") bemüht, um ihrem Angebeteten näher zu kommen. Ebenso wie die köstliche Szene mit Katja Riemann, die ihr Telefon hypnotisiert, damit es endlich klingelt, den Hörer abnimmt, damit besetzt ist, während sie in der Wanne liegt, und schließlich mitten in der Nacht ihre Freundin anruft: „Kannst du mich mal anrufen? Ich glaube, mein Telefon ist kaputt."

Der Film hat alles, was eine gute Kino-Komödie braucht: unverwechselbare Typen, Erwartungen, die – natürlich – nicht erfüllt werden, Überraschungen, mit denen wir im Grunde gerechnet haben, witzige Dialoge und vor allem: tolle Schauspieler/innen! Katja Riemann zeigt die ganze Bandbreite von der frustrierten, misanthropischen Künstlerin über die gnädig hilfsbereite Freundin bis zur strahlend schönen, herrlich verwirrten Verliebten.

Und dass Katja von Garnier eine stilsichere Regisseurin ist, hat sich bereits in diesem Übungsfilm der HFF gezeigt, von dem ich mir eine Fortsetzung wünschen würde. Zu gern wüsste ich, was aus Frenzy, Maischa, René und Mark geworden ist!

» ... a delightful 55 minute satire on ‚girl stuff'.
(Berlinale Journal 1993)

Kesse Dialoge, knallharte Realsatire: Unglück macht kreativ (...). Eine simple Fassadenbalz mit Comic-Tempo und burleskem Witz.
(AZ 10.6.1993)

... ein Miniatur-Spielfilm mit einem frischen Darstellerteam, das Freude verbreitet.
(SZ 16.6.1993)

Le film ne fait qu'effleurer la satire de mœurs et constater l'irrépressible banalité des histoires sentimentales, impression renforcée par sa brièveté. Ce qui n'a pas empêché ce petit film de remporter un surprenant succès public en Allemagne.
(Le Monde 13.7.1993) «

KITTY HAWK
Hofer Filmtage

MORITZ
Ausstrahlung BR

REPLAY
Deutscher Kurzfilmpreis: Filmband in Silber

STERNBURG – BIERKAMPF IM OSTEN
Duisburger Filmwoche

ANGESICHTS IHRER FATALEN VERANLAGUNG SCHEIDET LILO WANDERS FREIWILLIG AUS DEM LEBEN

PREISE
ALPINALE
FILM FESTIVAL
...

Experimentalfilm, Komödie, 3 min, 35mm, color
Buch & Regie: Jörg Fockele
Kamera: Marc Haenecke, Michael Leuthner, Konrad Wickler
Produktion: Hombre Film (Markus Zimmer)
Koproduktion: HFF München

Lilo Wanders, inszeniert als der große Star der deutschen Stummfilmära, sieht sich gezwungen zu tun, was sie tun muss. Aber was hat sie dazu gebracht, Selbstmord zu begehen?

FESTIVALS
BERLINALE

SAN FRANCISCO
LESBIAN AND GAY
FILM FESTIVAL

NEW YORK
LGBT FILM FESTIVAL
...

Ruhige Klaviermusik. Im Hintergrund ein roter Samtvorhang, davor eine Standvase mit großen weißen Blumen. In der Mitte des Raumes eine Chaiselongue aus rotem Samt. Auf ihr ruhend eine Frau (Ernie Reinhardt/Lilo Wanders), uns abgewandt, in fließende Stoffe gehüllt. Ein Pelzkragen und ein eleganter Hut mit großer Krempe verdecken ihr Gesicht. In ihrer Hand ein Zigarettenhalter. Rauch steigt in die Luft.
Eine langsame Kamerafahrt.

Die Frau dreht ihr Gesicht der Kamera zu und setzt sich aufrecht hin. Aus ihrer roten Samthandtasche holt sie einen kleinen Revolver, lächelt keck, nimmt noch einen letzten Zug und haucht: „Angesichts meiner fatalen Veranlagung scheide ich freiwillig aus dem Leben." Dann steckt sie sich den Revolver in den Mund. Schuss. Schwarz. Nur die Klaviermusik spielt weiter.

© Marc Haenecke/Michael Leuthner

1994

PUU, KALA, KUU, TALO, TAIVAS
Festival Court Métrage à Clermont-Ferrand

PHYSIOLOGUS
Kurzfilmtage Oberhausen

PASSACÖR
Filmfestival Max-Ophüls-Preis

IM OSTEN DES FENSTERS
DOK.fest München

Rainer Kaufmann über ANGESICHTS IHRER FATALEN VERANLAGUNG ...

1994

Das ist ein großartiger Film, sehr konsequent in seiner Überhöhung. Mich erinnert er an experimentelle Filme aus der Schwulenszene im Amerika der 1960er/70er Jahre, etwa an KUSTOM KAR KOMMANDOS von Kenneth Anger.

Die Titel sind im Verhältnis zur Länge des Films überbordend lang und sehr romantisch gestaltet – wie in einem Douglas-Sirk-Film mit dem ganz liebevollen Framing einer einzigen Einstellung. Natürlich weiß man aufgrund des Titels, der gleichzeitig der einzige Dialogsatz ist, dass es sich hier um Ironie handelt. Aber das Setting könnte durchaus in einem Rita-Hayworth-Film der 1940er Jahre vorkommen, der Zeit der Leinwand-„Göttinnen". Er ist ein einziges filmikonografisches Zitat und verweigert in seiner Reduziertheit jede Art von Erklärung. Gleichzeitig weckt er alle möglichen Assoziationen, die Art und Weise, wie sich Lilo Wanders die Pistole in den Mund steckt, hat etwas sehr Erotisches an sich und ist auch so inszeniert.

Lilo Wanders war damals ja in aller Munde, man wusste, sie ist Transvestit. Im Hinblick auf die Gender-Problematik ist das eigentlich ein aktueller Film. Die Veranlagung, die sie hat, ist ja nicht deutlich zu erkennen.

Man muss schon ein bisschen mehr wissen – ist das ein Mann oder eine Frau, so wie sie zurechtgemacht ist? Ist sie aus der Zeit gefallen? Was ist eigentlich ihre „fatale Veranlagung"? Man weiß es nicht genau.

Im Vergleich zu meiner Studentenzeit ist es ein anderer Humor, leiser in der Skurrilität. Der Film passt durchaus in seine Zeit, die 1990er Jahre waren ja sowohl im Fernsehen mit dem Entstehen der Privatsender als auch im deutschen Kino eine Zeit des Aufbruchs. Man hatte damals das Gefühl, sowohl formal als auch inhaltlich richtig loslegen zu können.

Insgesamt ist der Film wie eine provokante Vorspeise aus der Molekularküche, bei der man etwas serviert bekommt, das aussieht wie eine Erdbeere, aber im Mund zerfällt und nach Wurst schmeckt.

BULLCHIX
Hofer Filmtage

RÜCKKOPPLUNG
Filmfest München

IM GRENZGEBIET
IDFA

SURPRISE!

PREISE
FESTIVAL DE CANNES
BERLINALE
DEUTSCHER KURZFILMPREIS
SAN SEBASTIAN HORROR & FANTASY FILM FESTIVAL
ASPEN SHORTSFEST
CHICAGO FILM FESTIVAL
SEATTLE FILM FESTIVAL
KRAKOW FILM FESTIVAL
MURNAU-KURZFILMPREIS
CINEMA CONCETTA
...

FESTIVALS
SUNDANCE FILM FESTIVAL
FESTIVAL DEL FILM LOCARNO
TORINO FILM FESTIVAL
FILMFEST MÜNCHEN
...

Kurzspielfilm, Komödie, 6 min, 35mm, handkoloriert (von s/w)
Buch & Regie: Veit Helmer
Kamera: Stefan von Borbély
Produktion: Veit Helmer-Filmproduktion (Veit Helmer), HFF München
Kinostart: 7. September 1995 (Vorfilm zu LIVING IN OBLIVION)

Ein Mann baut rund um das Bett seiner Geliebten eine Sammlung an Mordinstrumenten auf. All das lässt nur einen Schluss zu: Er will sie umbringen.

Ein Fenster in der Nacht, eindeutige Geräusche. Musik vom Plattenspieler. Stille. Der Mann (Max Tidof) sitzt aufrecht im Bett, die Frau (Yutah Lorenz) neben ihm schläft. Er macht diabolisch lächelnd ein Foto von sich – und befestigt einen Haken an der Zimmerdecke. Ein Heizstab landet in einem Eimer voll Wasser, eine Armbrust wird fixiert, Dynamit unterm Stuhl festgeklebt. Eine Axt schwebt bedrohlich über dem Haupt der noch immer selig schlafenden Frau. Draußen vor dem Haus zündet der Mann die Zündschnur, die durch das Fenster zum Bett der Geliebten führt. Ein Knall, Weckerklingeln, die Mechanik wird in Gang gesetzt.

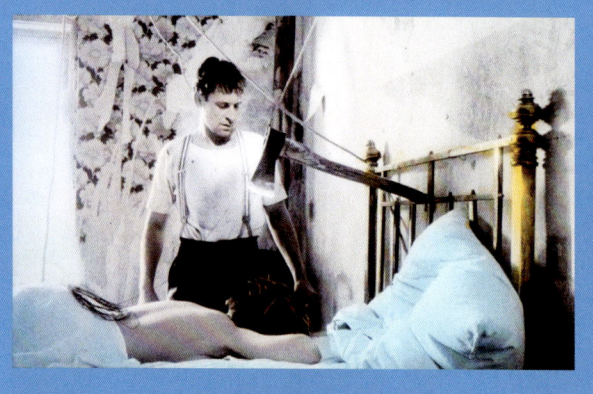

© Veit Helmer-Filmproduktion

1995

ALICE UND DER AURIFACTOR – Berlinale: Panorama Award of the New York Film Academy

DEUTSCHLAND UND DAS ICH
Kurzfilmtage Oberhausen

WAHLVERWANDTSCHAFTEN
Cinema Concetta: 2. Platz

TOUR EIFFEL
Filmfestival Max-Ophüls-Preis

LAURA VON ALBANIEN
Tampere Short Film Festival

JOY OF ART
DOK.fest München: Dokumentarfilmpreis

Clemens Hochreiter über SURPRISE!

1995

Axt, Zündschnur, Raketen, Tauchsieder, Seile, Ketten, Boxhandschuhe und Pfeile, aufgebaut um das Bett einer schlafenden Frau, weisen allesamt auf eine tödliche Überraschung hin.

Oder sind dies Teile einer Maschine, welche die Geliebte nach einer erfolgreichen Liebesnacht mit einem besonderen Frühstück am Bett überraschen wird? Bis zum Schluss hält uns die Frage nach dem Ausgang der Überraschung in Atem.

Diese Rube-Goldberg-Maschine in ihrem anarchisch anmutenden Aufbau erinnert an Comics, wie sie bereits in den 1910er Jahren gezeigt wurden. Rube-Goldberg-Maschinen zeichnen sich durch einen hohen Schauwert bei minimalem oder gar keinem realen Nutzen aus. Meist werden sie aus Alltagsgegenständen zusammengesetzt, welche in einer dominomäßigen Kettenreaktion Aktionen auslösen.

Sämtliche für sich gefährlich wirkenden Gegenstände bekommen im Zusammenspiel eine ganz liebenswerte Funktion. Die mit der Zündschnur eingeleitete Kettenreaktion wird genutzt, um die Freundin aus dem Bett zu befördern, sie zu duschen, abzutrocknen, mit Klamotten auszustatten und an den gedeckten Frühstückstisch zu befördern. Nichts funktioniert reibungslos, doch am Ende zählt nur die unvergessliche Überraschung für die Freundin.

Der Spaß an solchen Maschinen ist zeitlos und nicht an ein spezielles Medium gebunden. Zur Entstehungszeit von SURPRISE! war THE INCREDIBLE MACHINE eine äußerst beliebte und erfolgreiche Serie von Computerspielen rund um Rube-Goldberg-Maschinen. Legendär auch die Frühstückszubereitungsmaschine des Tüftlers Doc Brown aus ZURÜCK IN DIE ZUKUNFT. Heute sind Nonsens-Maschinen ein häufiges Motiv von Viral-Videos.

SURPRISE! liefert keine Merkmale, die auf eine Entstehung in den 1990er Jahren hinweisen. Er wurde auf Schwarz-Weiß-Film gedreht und von Hand koloriert. Diese Technik verleiht ihm eine zusätzliche Comic-Anmutung und verstärkt die Zeitlosigkeit des Films.

> ... handkolorierte[s] Kleinod ...
> (Schnitt 3/2012)
>
> Gedreht wurde auf gut abgehangenem Schwarzweißmaterial von ORWO – dann folgte ein harter Winter, in dem 7.000 Einzelbilder per Hand nachkoloriert wurden. (...) Das Ergebnis ist eine exzessive Buntheit, die die Brutalität der Bilder Lügen straft.
> (BZ 6.9.1995)
>
> ... eine kleine Liebeserklärung an Machart und Möglichkeiten der Cinematografie, in der unübersehbar an die Stummfilm-Klamotte ebenso erinnert wird wie an die großen Vorbilder des Horror-Genres.
> (FBW-Gutachten)

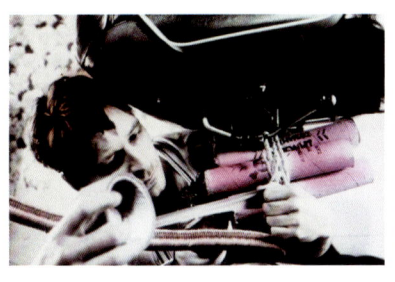

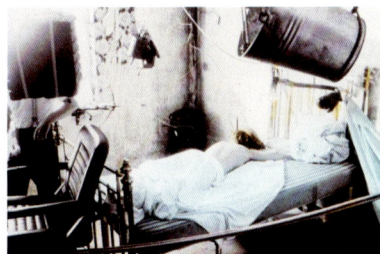

BRUCKNERS ENTSCHEIDUNG
Filmfest München

DIE BRÜDER SKLADANOWSKY – ERSTER AKT
Deutscher Kurzfilmpreis: Filmband in Silber

SI RUBA CON GLI OCCHI
Hofer Filmtage

UND TSCHÜSS
Film Festival Montecatini: Audience Award

DER TOTE VOM ANDEREN UFER

PREISE
NOMINIERUNG
DEUTSCHER
KURZFILMPREIS
...

Kurzspielfilm, Drama, 8 min, 35mm, color
Buch: Lenard F. Krawinkel, Claudia Wiesmann
Regie: Lenard F. Krawinkel
Kamera: Michael Ballhaus
Line-Producer: Christian Becker; Produktionsleitung: Sandra Müller; Produktion: HFF München

Eine kleine barocke Kirche, schwarze Anzüge, Totenstille. Trauer vereint Angehörige und Freunde des Verstorbenen. Da verweigert der Vater des Toten einen Händedruck.

Es ist Winter. Kirchenglocken läuten. Nacheinander geben die Trauergäste den Eltern des Verstorbenen die Hand. Ein junger Mann (Grant Benton) ist an der Reihe – der Lebensgefährte des Verstorbenen. Er reicht dem Vater des Toten (Manfred Andrae) die Hand, doch der verweigert den Händedruck.
Die Trauergemeinde betritt die Kirche. Der Pfarrer (Rolf Muhle-Karbe) verkündet den letzten Wunsch des Verstorbenen: Statt einer Trauerrede, die Trauernden selbst zu Wort kommen zu lassen. Auf einmal erklingt eine tiefe Bassstimme. Einer der Trauergäste (Calvin Burke) singt *Amazing Grace*. Unvermittelt erhebt sich der Vater des Verstorbenen. Vor den Augen der Anwesenden bricht er über dem Sarg seines Sohnes zusammen.
Der Lebensgefährte steht auf und geht auf ihn zu. Vereint in ihrer Trauer umarmen sie sich.

© HFF München/Michael Ballhaus

1996

DER CINEAST
Göteborg Film Festival

BLUTSBRÜDER
Murnau-Kurzfilmpreis

DER BROZ
Kurz Film Festival Hamburg

... VON SÖHNEN
Nominierung Deutscher Kurzfilmpreis

AUSGESTORBEN – Brussels Festival of Fantasy, Thriller & Science Fiction: 2 Prizes

DER PAPIERHUT
Nominierung Student Academy Award

1996

Doris Dörrie über DER TOTE VOM ANDEREN UFER

Es ist immer wieder erstaunlich, wie man die Studenten einschätzt und wie anders dann oft ihre Filme sind. Ich erinnere mich an Lenard Krawinkel als einen lustigen, selbstsicheren jungen Mann, der einen roten Porsche fuhr (war das wirklich seiner?) und darin unter viel Gelächter nach und nach einen ganzen Ster Brennholz beförderte, den wir für unseren legendären „Lauf über glühende Kohlen" brauchten – eine perfekte Metapher für das Leben und das Filmemachen, wie wir meinten. Sie stellte sich dann als völlig falsch heraus, denn über glühende Kohlen zu laufen ist babyleicht und weder mit dem Leben noch mit dem Filmemachen zu vergleichen.

Lenard Krawinkel ließ also nicht vermuten, dass er einen Film wie DER TOTE VOM ANDEREN UFER machen würde, eine sehr ernste, behäbige, fast altmodische Betrachtung des bayerischen konservativen Bürgertums und der schwulen Gegengesellschaft, die bei einer Beerdigung aufeinanderprallen.
Der Titel ist vielleicht läppisch, aber die Inszenierung sehr sorgfältig. Sie bringt, unterstützt von der Kameraarbeit und Lichtsetzung von Michael Ballhaus, der dieses Projekt betreute, die emotionalen Momente auf den Punkt.

Die kurze Erzählung gipfelt in der Gesangseinlage eines trauernden schwulen Freundes des Verstorbenen von *Amazing Grace*.
Das muss man sich erst einmal trauen. Das Gefühl auszuhalten, sich nicht in Ironie zu retten oder in etwas Schräges, Bizarres, was bei der Geschichte vielleicht nahegelegen hätte, verrät Stärke und die Überzeugung, hier etwas Wichtiges zu erzählen, eine Message. Die vermittelt sich tatsächlich in diesem Augenblick, und damit gewinnt der Film eine erstaunliche Tiefe.

Was macht Lenard Krawinkel heute? Er entwickelt Characters für eine App, mit der man personalisierte Messages verschicken kann. Wohl meist nicht die von Lenard Krawinkel persönlich, aber immer noch eine Message.

> **Wie es diesem Kurzspielfilm gelingt, mit einfachen filmischen Mitteln eine hochemotionale und spannende Geschichte um Vergebung und Grenzüberschreitung zu erzählen, zeugt von einer hervorragenden Beherrschung des Handwerklichen, das sich ganz der Erzählung unterwirft. (...) Mit intensiver Körpersprache, mit Gesten und Haltungen, an denen sich der mitfühlende Blick der Kamera festsaugt, vermitteln sich Erstarrung und Lösung.**
> (FBW-Gutachten)

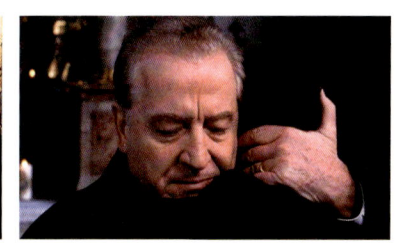

WÖLFE
Filmfest München

FIGHTS
Cinema Fantàstic de Sitges

HISTORIA DE DESIERTOS
Stockholm Film Festival

WAS NICHT PASST, WIRD PASSEND GEMACHT

PREISE
NOMINIERUNG STUDENT ACADEMY AWARD

NOMINIERUNG DEUTSCHER KURZFILMPREIS

FILMFÖRDERPREIS DER STADT MÜNCHEN

FILMFEST LUDWIGSBURG

CINEMA CONCETTA

BAMBERGER KURZFILMTAGE

EXGROUND WIESBADEN
...

FESTIVALS
FESTIVAL DEL FILM LOCARNO

KURZFILMTAGE OBERHAUSEN

KURZ FILM FESTIVAL HAMBURG

NORD STADT FILMTAGE HANNOVER
...

Kurzspielfilm, Komödie, 15 min, 35mm, color
Buch & Regie: Peter Thorwarth; Koregie: Tim Trageser; Kamera: Eckhard Jansen
Produktion: Vide Film (Christian Becker), Tiker Film (Kerstin Schmidbauer)
Koproduktion: HFF München, Panther Rental (Erich Fitz), Stefan Matz
Kinostart: 1. April 1998 (Vorfilm Constantin Film Verleih)

Der Unfall eines illegalen Arbeiters hat fatale Folgen für einen hartgesottenen Bautrupp und den ahnungslosen Praktikanten.

Eine Baustelle im Ruhrpott. Unter Anleitung der harten Kerle vom Bau absolviert der naive Architekturstudent Philipp (Peter Thorwarth) ein Praktikum. Auf einmal kommt es zu einem Unfall. Ausgerechnet der illegale Mitarbeiter aus Polen (Paco Gonzalez) verunglückt. Pflichtbewusst verständigt Philipp den Notarzt. Aber als die Sanitäter (Tim Trageser, Werner Kranwetvogel) eintreffen, ist der Tote plötzlich wie vom Erdboden verschluckt. Die anderen Bauarbeiter Horst (Willi Thomczyk), Karl Heinz (Ralf Richter) und Mehmet (Ömer Simsek) stellen sich dumm. Philipps schlimmste Befürchtung wird wahr: Der Unfall soll vertuscht werden! Auch der korrupte Bauunternehmer (Diether Krebs) hat keine Lust auf Ärger und besticht seine Mitarbeiter mit Bier und Geld. Die Leiche muss verschwinden! Philipp versucht, an das Gewissen der anderen Bauarbeiter zu appellieren. Die aber setzen ihn unter Druck – sie sitzen schließlich alle im selben Boot. Widerwillig hilft Philipp, die Leiche einzubetonieren – bis er plötzlich sein blaues Wunder erlebt.

© Vide Filmproduktion/Becker &

1997

PRÉLUDE
Murnau-Kurzfilmpreis

DIE HOCHZEIT
Cinema Concetta: 3. Platz

STRONG SHIT
Filmfestival Max-Ophüls-Preis: Reader's Award

DER STEUERMANN – Brussels Festival of Fantasy, Thriller & Science Fiction: Best Photography

Felicitas Darschin über WAS NICHT PASST, WIRD PASSEND GEMACHT

1997

Diese Bauarbeiter-Komödie zählt nicht umsonst zu den Kurzfilmklassikern der HFF. Der Titel erfreut sich auch deshalb so großer Berühmtheit, weil das kreative Gespann Thorwarth und Becker mit dem gleichnamigen Langspielfilm die Kinokassen zum Klingeln brachte. Burlesker Ruhrpott-Charme, der erfolgreich zu einer erfrischend neuen Klangfarbe in der deutschen Komödienlandschaft beitrug.

Den Franzosen scheint das humorvolle Autorenkino spielend von der Hand zu gehen. Charmante Charaktere bewegen sich darin durch ein fantasievoll kreiertes Leinwand-Universum, um ihre Konflikte heiter zu verhandeln. Auch die Briten machen's richtig. Sie nehmen mit sehr genauem Blick für das Milieu ihrer Figuren soziale Konflikt-Themen humorvoll aufs Korn. Dem deutschen „Auteur" dagegen fällt es schwerer, entschieden „vom Boden abzuheben", ohne sich an Schenkelklopfer-Plattitüden zu vergreifen. Grundsätzlich wirkt das deutsche Kino anhaltend auf der Suche nach seiner ureigenen Komödientemperatur.

Feinsinnig will dieser Ruhrpott-Film freilich nicht sein. Im Gegenteil: Derbe Männersprüche bestimmen den Ton, der in seinem Dialogwitz gelungen ist. Der „Pointen-Kurzfilm" eifert ambitioniert englischen Vorbildern nach und wirft einen stimmigen Blick auf ein vertrautes Milieu: Jungs auf dem Bau, die sich anfrotzeln und Männer-Macht-Rituale zelebrieren. Augenzwinkernd beobachtet und liebevoll erzählt.

Aus heutiger Sicht vielleicht fast ein bisschen zu brav geraten, für damalige Zeiten sicherlich ein handwerklich rundes Stück Film mit Biss. Auch der kleine Ausflug ins Thriller-Genre hat Charme und färbt den Humorduktus ein wenig schwarz.

Der Film bleibt stets dicht an seinen Figuren, ohne sonderlich experimentell sein zu wollen. Nicht umsonst bewegen sich seine Macher bis heute im kommerziell erfolgreichen Mainstreamkino. Das Drehbuch setzt auf knackigen Wortwitz und spannt einen sicheren dramaturgischen Bogen bis hin zu seiner überraschenden Auflösungspointe.
Ein kurzweiliges Stück Film, typisch für das deutsche Komödien-Hoch der 1990er Jahre.

> **Alkohol und Mörtel. Daraus werden deutsche Komödien geschnitzt. Zumindest wenn man Peter Thorwarth heißt. (...) Das macht Spaß und sorgt für gute Unterhaltung – zumindest solange man (...) kein Praktikum verrichten muss.**
> (thalia-potsdam.de 2/2017)
>
> **Bis zum Schluß erfüllt diese schwarze Komödie ihren Anspruch an sich selbst. (...) Hervorzuheben ist die Regieleistung, die die Darsteller zu führen weiß, das Team zusammengebracht, die Kamera zu überraschenden Einstellungen animiert hat und Schnitt, Ton und Ausstattung als adäquat empfinden ließ.**
> (FBW-Gutachten)

MINI HÄND WÄRDID RUCHER, IMMER RUCHER
Festival del film Locarno

DER GROSSE LACHER
Hofer Filmtage

HAUT UND HAAR
Filmförderpreis der Stadt München

PAS DE DEUX
exground Wiesbaden: 1. Preis

DIE LETZTEN VENEZIANER

PREISE
DEUTSCHER KAMERAPREIS
DOK.FEST MÜNCHEN
MEDIAWAVE FESTIVAL
BLACK CINEMA
MAREMMA DOC
…

FESTIVALS
IDFA
PALM SPRINGS CINEMATOGRAPHER'S DAY
LE NOMBRE D'OR FESTIVAL
…

Dokumentarfilm, Porträt, 52 min, DigiBeta & 35mm, color
Buch: Alina Teodorescu, Sorin Dragoi, Petra Reski (nach einer Idee von Petra Reski)
Regie: Alina Teodorescu, Sorin Dragoi; Kamera: Sorin Dragoi (BVK)
Produktion: TEO Film (Alina Teodorescu, Sorin Dragoi), Horres Film & TV (Dieter Horres)
Koproduktion: HFF München

Abseits der Touristenströme offenbart sich Venedig in den Geschichten seiner Einheimischen, die ihre Stadt und ihr kulturelles Erbe vor dem Verschwinden bewahren.

Hin- und hergerissen zwischen jahrtausendealten Traditionen und der sich ständig verändernden Moderne, pendeln die Einheimischen zwischen Kultur und Kommerz, Zugezogenen und alten Banden. „In Venedig herrscht der Rhythmus des Wassers. (…) Daraus folgt auch eine andere Art des Denkens", erzählt einer von ihnen. Ein anderer sinniert: „Der Venezianer hat meiner Meinung nach seine Identität in dem Moment aufgegeben, als er den Respekt vor dem Wasser verloren hat."
Ob Fischer, Uhrenwart, Künstler, Dandy, Hippie oder Nachfahre einer der ältesten Patrizierfamilien der Stadt: All ihre Geschichten erzählen vom Leben in einer Welt, die langsam versinkt.

© TEO Film

1998

CLOWNS?!
Filmfestival Max-Ophüls-Preis

COUNTDOWN
Cinema TV Young Talent Award Pro7

IM AUFTRAG DES HERRN
Nord Stadt Filmtage Hannover

KNITTELFELD – STADT OHNE GESCHICHTE
Kurzfilmtage Oberhausen

INSIDE THE BOXES
Festival de Cannes

PAULS REISE
Filmfest München

Axel Block über DIE LETZTEN VENEZIANER

1998

Eine typische HFF-Abschlussarbeit steckt voller Visionen und Ambitionen: fremde Länder kennenzulernen, ungewöhnliche Menschen zu porträtieren und eine eigene, ungewöhnliche Bildsprache zu finden.

DIE LETZTEN VENEZIANER treten an, um uns mit einer breitgefächerten Palette an Charakteren zu überraschen. Zum Beispiel Alberto, der promovierte Uhrenwart von San Marco, oder ein Fischer, der noch als Großvater hinausfährt, um die Krebse im richtigen Moment zu fangen, damit die Schale nicht zu hart wird, oder ein selbsternannter Ureinwohner mit 1000-jähriger Vergangenheit oder Enzio, der Bühnenbildner und Regisseur, der sich von Venedig inspiriert fühlt, oder, oder.

Die Kameraarbeit schafft eindringliche Momente wie zu Anfang, wenn die Bilder sich durch den lagunentypischen Nebel tasten und in einer abstrakten weißen Welt das einsame Boot des alten Fischers finden.

Auch beeindruckend, dass Sorin Dragoi und Alina Teodorescu uns eine Stadt ohne Touristen zeigen, auch wenn die Protagonisten in ihnen den Grund für das Verschwinden des eigentlichen Venedigs sehen.

Und dazwischen immer wieder die Fahrten durch die Kanäle, die Kamera kopfstehend auf das Wasser gerichtet, damit die Reflexionen der Häuser aufrecht im Bild dahinziehen. Dieser Effekt ist schon etwas selbstverliebt und schiebt sich bisweilen vor die Magie der Stadt. Aber solche Bilder sind wichtige Elemente eines Films, wenn dadurch eine eigene Sicht auf die Dinge formuliert und nach neuen Wegen der Darstellung gesucht wird. Dann sind auch die wenigen Momente verziehen, in denen der Film sich in ästhetische Standards rettet.

> **Eine poetische Dokumentation mit ruhigen Bildern in schönem Licht, aber gleichzeitig die ungeschönte Beobachtung der Bewohner dieser besonderen Stadtlandschaft Venedig.**
> (prisma.de 2/2017)
>
> **Die Kamera nimmt den Gestus der Bewohner auf, der von Gelassenheit und Ruhe geprägt ist. Sie verliebt sich in die Spiegelungen der geschichtsreichen Stadt und bietet dem Zuschauer Zeit zur Einfühlung. Dabei gelingt es Sorin Dragoi, seinen Sinn für Schönheit mit Tiefe zu versehen und oberflächliche Dekorativität zu vermeiden.**
> (Jurybegründung Förderpreis des Deutschen Kamerapreis 1998)

SCARMOUR
Hofer Filmtage

NIGHTHAWKS – Festival of Film Schools Bologna

HELP THE OLD – Festival der Filmhochschulen München: Panther-Preis

TANGO BERLIN – Mostra internazionale d'arte cinematografica di Venezia

KLEINER STÜRMER
Filmtage Gera: Nachwuchsförderpreis

QUIERO SER

PREISE
ACADEMY AWARD
STUDENT ACADEMY AWARD
STUDIO HAMBURG NACHWUCHSPREIS
FIRST STEPS AWARD
ASPEN SHORTSFEST
BILBAO SHORT FILM FESTIVAL
GIFFONI FILM FESTIVAL
VALENCIA FILM FESTIVAL
CHICAGO CHILDREN'S FILM FESTIVAL
STARTER FILMPREIS DER STADT MÜNCHEN
…

FESTIVALS
PALM SPRINGS FILM FESTIVAL
GÖTEBORG FILM FESTIVAL
FILMFEST MÜNCHEN
FESTIVAL DE ESCUELAS DE CINE MEXIKO
…

Kurzspielfilm, Drama, 34 min, 35mm, color
Buch & Regie: Florian Gallenberger
Kamera: Jürgen Jürges
Produktion: Mondragon Films (Florian Gallenberger); Koproduktion: Indigo Filmproduktion (Christian Becker), Cine Cam (Horst Knechtl), CCC Mexico City, BR, HFF München

Zwei elternlose Brüder schlagen sich auf den Straßen von Mexico City durchs Leben. Als der Ältere sich verliebt und die gemeinsamen Ersparnisse plündert, trennen sich ihre Wege.

Juan (Emilio Pérez) und sein älterer Bruder Jorge (Fernando Peña) wachsen als Waisen in Mexico City auf. Mit Straßenmusik halten sich die Brüder über Wasser. Mühevoll sparen sie für ihren Traum: ein eigener Luftballonstand. Als dieser endlich in greifbare Nähe rückt, verliebt sich Jorge in eine Eisverkäuferin (Maricela Olguin) und gibt, um sie ausführen zu können, heimlich alle Ersparnisse der Brüder aus. Enttäuscht über Jorges Verrat an ihrer gemeinsamen Zukunft beschließt sein kleiner Bruder Juan, ihn zu verlassen. Vergeblich versucht Jorge, ihn umzustimmen.
Nach 25 Jahren sieht der inzwischen erwachsene und wohlhabende Geschäftsmann Juan (Mario Zaragosa) seinen Bruder Jorge (José Luis Escutia) zum ersten Mal wieder. Jorge, noch immer ein bettelnder Straßenmusiker, ahnt nicht, von wem er beobachtet wird.

© Mondragon Films

1999

DER LETZTE DOKUMENTARFILM
Filmfestival Max-Ophüls-Preis

MAFIA, PIZZA, RAZZIA
Filmfest Dresden

IN THE GHETTO
Sehsüchte Film Festival: 2. Produzentenpreis

SENTIERI SELVAGGI
Filmfest München

Joachim Masannek über QUIERO SER

1999

Ich habe von dem Film QUIERO SER über die Jahre nur gehört, Florian Gallenberger auch nie persönlich kennengelernt. Ich hatte nur zwei seiner späteren Filme, JOHN RABE und COLONIA DIGNIDAD, gesehen, als ich an einem Mittwochvormittag seinen Abschlussfilm ansah.

Ich war außerordentlich beeindruckt. Nicht nur von dem Film und seiner schlichten und gleichzeitig so tiefgründigen und ergreifenden Erzählweise. Sondern auch von dem, was der Film erzählt: Dass jeder für sein eigenes Glück selbst verantwortlich ist. Und dass der Weg zu diesem, nennen wir es wirklichen, Glück lang und anstrengend ist.

Der Film erzählt, welch ungeheure Konsequenz dieser Weg verlangt und dass sich dieses wirkliche Glück genau darin von den so schnellen und leichten Befriedigungen unterscheidet, die wir erhalten, wenn wir den Bedürfnissen folgen, die wir gar nicht brauchen.

Damit war dieser Film seiner Zeit voraus und gewinnt in unserer Gegenwart, der Zeit des Internets, in der wir gewohnt sind, alle unsere Bedürfnisse jederzeit sofort befriedigen zu können, eine noch viel größere Brisanz.

Eine Brisanz, die meines Erachtens in COLONIA DIGNIDAD weitergeführt wird. Ist der Held in QUIERO SER ein Kind, weitet sich das Thema Verantwortung in COLONIA DIGNIDAD auf das Leben der Erwachsenen aus: Hier muss der Held bereit sein, für die Wahrheit Schmerzen zu erleiden und sein Leben zu riskieren. Und wer ist dafür heute in unserer Gesellschaft noch bereit?

> **Florian Gallenberger hat für QUIERO SER die Fantasie in die Ferne schweifen lassen und ist doch ganz nah bei den Menschen, die er da beschreibt.**
> (SZ 22.9.1999)
>
> **So schafft er es, ganz unsentimental eine Geschichte mit tiefer Moral zu erzählen, wie sie im deutschen Kino kaum mehr vorkommt.**
> (Tsp. 6.3.2001)
>
> **Die Straßenkinder-Parabel von den Brüdern Juan und Jorge ist eine rund erzählte Geschichte und beeindruckt als Milieuschilderung. Die jungen Darsteller sind hervorragend geführt, brillant ist die Kameraarbeit von Jürgen Jürges.**
> (FBW-Gutachten)

FIEBER – Festival der Filmhochschulen München: Produzentenpreis

MICHELLE
Nominierung Deutscher Kurzfilmpreis

VERSPIEGELTE ZEIT
Filmförderpreis der Stadt München

SABOTAGE
Hofer Filmtage

IMÁGINES DE LA AUSENCIA – Yamagata Documentary Film Festival: Grand Prize

2000er

DAS PHANTOM

PREISE
GRIMME-PREIS
JUPITER-AWARD
3SAT-ZUSCHAUERPREIS
NOMINIERUNG
FIRST STEPS AWARD
...

Spielfilm, Politthriller, 93 min, 16mm, color
Buch: Dennis Gansel, Maggie Peren (inspiriert von Theorien aus *Das RAF-Phantom* von Gerhard Wisnewski, Wolfgang Landgraeber, Ekkehard Sieker)
Regie: Dennis Gansel; Kamera: Axel Sand
Produktion: Becker und Häberle Filmproduktion (Christian Becker, Thomas Häberle)
TV-Erstausstrahlung: 4. Mai 2000 (ProSieben Television)

Bei einer Routineobservation wird ein Drogenfahnder Zeuge eines Mordanschlags. Als Hauptverdächtiger gejagt, gerät er in die Abgründe einer politischen Verschwörung.

Deutschland 1990. Kurz vor den Wahlen wird der Finanzminister bei einem Anschlag ermordet. Zu der Tat bekennt sich ein RAF-Kommando. Von den Tätern fehlt jede Spur.
Zehn Jahre später. Leo Kramer (Jürgen Vogel) ist ein junger Beamter der Kölner Drogenfahndung. Bei einem routinemäßigen Beschattungsauftrag entgeht er nur knapp einem Mordanschlag, bei dem sein bester Freund (Hilmi Sözer) ums Leben kommt. Noch dazu wird Leo von Abteilungschef Faber (Mathias Herrmann) verdächtigt, mit der Drogenmafia gemeinsame Sache zu machen. Nachdem Leo kurz darauf einen zweiten Anschlag überlebt und sein Vorgesetzter (Andreas Mannkopff) mit Leos Dienstwaffe ermordet aufgefunden wird, muss er untertauchen.
Gejagt von einem Killer und der eigenen Behörde beginnt Leo mit Hilfe von Anne (Nadeshda Brennicke) die wahren Hintergründe zu ermitteln. Seine Suche führt ihn in die Abgründe von Politik und Terrorismus und tief hinein in das Herz einer Verschwörung, die seine schlimmsten Befürchtungen übertrifft.

© ProSieben/Becker & Häberle

2000

MOSQUITO
Göteborg Film Festival

POPPEN
Sehsüchte Film Festival: Nachwuchspreis

KISMET
Filmfest München: Short Tiger

DOBERMANN
Filmfestival Max-Ophüls-Preis: Kurzfilmpreis

SCHWESTERN
Murnau-Kurzfilmpreis

MBUBE – DIE NACHT DER LÖWEN
DOK.fest München: Förderpreis

Ulrich Limmer über DAS PHANTOM

2000

Alles eine große Lüge! Die RAF der 3. Generation war vom Staat manipuliert und mordete nicht im Interesse der Weltrevolution, sondern im Interesse der Politik ... 1992 stellten drei Autoren im Buch Das RAF-Phantom diese wagemutige These auf.

Einige Jahre später realisieren HFF-Studenten und -Absolventen einen Politthriller, der sich diese Theorie zum Vorbild nimmt. Ihr Durchschnittsalter liegt unter 30: Der Regisseur Dennis Gansel ist 26, sein Produzent Christian Becker 28, der verantwortliche ProSieben-Redakteur Benjamin Herrmann zählt 29 Jahre. Mit zwei Grimme-Preisen ausgezeichnet, ebnet der Film den Weg für die Karriere der drei, die inzwischen feste Größen im Filmgeschäft sind.

Dass sie sich mit dem Film dem im Deutschland nicht gerade populären Genre des Politthrillers widmen, ist außergewöhnlich und nicht nur kreativem und politischem Interesse geschuldet, sondern auch dem glücklichen Umstand, dass es die spannungsreichsten Zeiten des Privatfernsehens waren, das damals noch polarisierende Fernsehfilme produziert hat.

Eines der großen Vorbilder spürt man in DAS PHANTOM immer wieder: JFK – TATORT DALLAS. In einer der stärksten Szenen von JFK erzählt Donald Sutherland seinem Gegenüber alle Hintergründe des Präsidentenmordes und wir erschaudern bei dem Gedanken, dass dies alles wahr sein könnte. Dennis Gansel gelingt das Gleiche in einer Szene, in der Horst Sachtleben seine Version der Wahrheit Jürgen Vogel erzählt. Hier leuchtet das Talent eines Regisseurs auf, der heute für amerikanische Produzenten dreht.

Manche seiner Bilder ließen schon ahnen, wohin ihn seine Reise führen wird. Schon damals brach sich manche filmische Situation an der bildlichen Realität deutscher Motive. Bekannte Versatzstücke des Genres wollen nicht in die Welt der deutschen Reihenhaussiedlung mit Gartenzwergen passen. Zu verloren kommen sie hier vor. Dass so jemand über die Landesgrenzen schielt, dorthin, wo die Genre-Möglichkeiten grenzenlos sind, ist vorhersehbar.

Hier waren Talente versammelt, die wussten, was sie taten, wussten, es braucht ein Team, um Außergewöhnliches zu erschaffen. Mit ihnen hat Gansel über Jahre weiter zusammengearbeitet. Und jetzt hat Hollywood gerufen. Aber erfreulicherweise hat er auch den Weg zurück nach Deutschland gefunden.

> **Eindrucksvolles Regiedebüt.**
> (FR 4.5.2000)
>
> **... ein nachdenklich machender TV-Hochgenuss, nicht nur für Paranoiker.**
> (tz 6.5.2000)
>
> **... ein Abend von fernsehhistorischer Bedeutung. (...) Neoliberales Fernsehen, straight und cool.**
> (Tsp. 6.5.2000)
>
> **Gewiss: Die Bösen gehören den finsteren Mächten an. Aber es geht nicht um Politik. Der Regisseur Dennis Gansel wurde 1973 geboren. Die Verschwörung, gegen die er ankämpft, ist eine andere. Alle Bösen dieses Films, so zeigt sich am Ende, waren über siebenundzwanzig.**
> (FAZ 4.5.2000)

ORDINARY LOVE – Palm Springs Shortfest: 2nd Place Student Live Action

VERGISS AMERIKA
First Steps Award: Abendfüllender Spielfilm

BERND EICHINGER – WENN DAS LEBEN ZUM KINO WIRD
Hofer Filmtage

VERZAUBERT
exground Wiesbaden: 1. Preis

KARMA COWBOY

PREISE
VISIONS DU RÉEL NYON

FILMFEST MÜNCHEN
...

Essayfilm, 45 min, miniDV, color
Regie: Sonja Heiss, Vanessa van Houten
Kamera: Nikolai von Graevenitz
Produktion: Komplizen Film (Maren Ade, Janine Jackowski)
Koproduktion: REM.DOKU (Ernst Kalff), HFF München

Ein unsichtbarer Ich-Erzähler sucht in der Peripherie der US-amerikanischen Gesellschaft einen verschwundenen Freund und begegnet dabei außergewöhnlichen Menschen.

FESTIVALS
DOK.FEST MÜNCHEN

DOK LEIPZIG

FILM FESTIVAL ROTTERDAM

SEHSÜCHTE FILM FESTIVAL

FESTIVAL DER FILMHOCHSCHULEN MÜNCHEN

LANDSHUTER KURZFILMFESTIVAL

ISTANBUL SHORT FILM FESTIVAL
...

Jerry Davis ist verschwunden. Ein Kindheitsfreund macht sich auf die Suche nach ihm. Quer durch die USA, von Detroit nach Las Vegas, lernt er Freunde, Verwandte und Geliebte kennen, die behaupten, Jerry nahe gestanden zu haben.
Er erlebt das andere Ende des „American Dream".
Die Freunde schlagen sich mit miesen Jobs durch, einige hoffen, noch berühmt zu werden. Andere fürchten sich vor Außerirdischen. Sie glauben an Elvis, Madonna und daran, dass in Zukunft alles besser wird.
Entlang der Spuren, die Jerry Davis hinterlassen hat, entwickelt sich die Reise des Kindheitsfreundes zu einer Suche nach Sinn und Erleben.

© Komplizen Film

2001

PAIN AU CHOCOLAT
Murnau-Kurzfilmpreis

JAN T ZEN
Kurz Film Festival Hamburg

BLICK EINES ALTEN
Landshuter Kurzfilmfestival: 3. Jurypreis

M+G
Kurzfilmtage Oberhausen

Gabi Kubach über KARMA COWBOY

2001

Dieser Film entstand 2001, etwa 30 Jahre, nachdem Studenten der ersten Stunde einen Stil prägten, der als „Münchner Sensibilismus" in die Filmgeschichte einging und durch viele Kamerafahrten, lange Einstellungen, atmosphärische Bilder gekennzeichnet war.

Ein wenig hat er mich an Produktionen der Anfangszeit erinnert. Auch, weil er in Amerika gedreht worden ist, dem filmischen Sehnsuchtsland der frühen HFF-Jahre. Er zeigt sich ähnlich fasziniert von der Weite dieses Landes, den Möglichkeiten, es in einer nicht enden wollenden Suchbewegung zu durchstreifen, ist genauso infiziert von der Affinität zu verlassenen Orten und verlorenen Menschenseelen, kurzum einer Ästhetik des Scheiterns und des Verfalls.

KARMA COWBOY ist ein dokumentarisches Roadmovie, dessen roter Faden das Unterwegssein ist. Er erzählt von den flüchtigen Begegnungen mit Menschen, die er zum Reden bringt. Uns lässt er so teilhaben an ihrer Einsamkeit, ihren kleinen und großen Verrücktheiten, ihren gescheiterten Hoffnungen und jenen Träumen, an denen sie sich wieder aufrichten. Fast alle Protagonisten sind „Loser", leben in heruntergekommenen Vierteln, von prekären Jobs.

KARMA COWBOY ist gleichzeitig auch ein Spielfilm. Der Trick: Wir lauschen einem Erzähler, den wir nie zu Gesicht bekommen, genau wie seinen verschwundenen Kinderfreund Jerry, auf dessen Suche er sich begibt. Sie sind die einzigen vollständig fiktionalen Figuren des Films, von den beiden Filmemacherinnen erfunden, um die Suchbewegungen ihrer Reise in einen Zusammenhang zu setzen. Den realen Protagonisten weist das Skript jeweils eine Rolle zu, welche sie in Jerrys Leben hätten einnehmen können. Als Ehefrau, Schwester, Vater oder Freundin berichten sie dem Erzähler von Jerry und lassen für uns Zuschauer ein dichtes Bild entstehen von seinem Leben, seinem Verschwinden und den möglichen Ursachen dafür.

Mich hat sehr beeindruckt, wie nahtlos und überzeugend die Regisseurinnen die beiden Erzählebenen zu einem Ganzen verwoben haben und welche Aktualität ihre Abbildung von einem Amerika der Verlierer, das sie aus Gefundenem und Erfundenem zusammengefügt haben, noch heute hat.

> ... a conceptual, aesthetically unique and extremely successful midlength film. That debut seemed to mark the start of a path along which the director has moved away from the documentary step by step, although she has not completely abandoned its unstaged reality ...
> (German Films Quarterly 2/2015)

> Die starken und schönen Bilder integrieren sich in eine erzählerisch präzise Struktur. KARMA COWBOY ist ein provokanter Film, der uns mit den Widersprüchen des Lebens konfrontiert.
> (Jurybegründung Visions du Réel 2002)

FENSTERSTURZ
Palm Springs Shortfest

SPACE ZOO
Hofer Filmtage

SCHNECKENTRAUM
Elche Film Festival Alicante: Best Short 35mm

KÜMMEL UND KORN – Starter Filmpreis der Stadt München: Lobende Erwähnung

CUT AWAY – Deutscher Kurzfilmpreis in Gold für Filme bis 7 Min.

MILCHWALD

PREISE
FESTIVAL
PREMIERS PLANS
D'ANGERS
...

Spielfilm, Drama, 90 min, Super 16, color
Buch: Christoph Hochhäusler, Benjamin Heisenberg
Regie: Christoph Hochhäusler; Kamera: Ali Gözkaya
Produktion: fieber.film (Clarens Grollmann, Stefan Mario); Koproduktion: HFF München, ZDF, Colonia Media, Cine Image, Filmcontract, Schmidtz Katze Filmproduktion
Kinostart: 11. November 2004

Es war einmal an der deutsch-polnischen Grenze: Zwei Kinder werden von ihrer Stiefmutter auf der Landstraße ausgesetzt und nicht wiedergefunden.

FESTIVALS
BERLINALE

MONTREAL
WORLD FILM FESTIVAL

CHICAGO FILM FESTIVAL

VANCOUVER
FILM FESTIVAL

FILMFESTIVAL
MANNHEIM-HEIDELBERG

FESTIVAL
OF GERMAN FILMS PARIS

FILM FESTIVAL BOSTON
...

Auf dem Weg zum Einkaufen ins nahe gelegene Polen setzt die entnervte Sylvia (Judith Engel) ihre beiden aufsässigen Stiefkinder Lea (Sophie Conrad) und Konstantin (Leo Bruckmann) bei einer Rast aus und fährt davon. Als sie zur Besinnung kommt und umkehrt, sind die Kinder spurlos verschwunden. Zurück zu Hause bringt es Sylvia nicht über sich, ihrem Mann (Horst-Günter Marx) die Wahrheit über das Verschwinden der Kinder zu gestehen.
Ausgesetzt im Nirgendwo treffen die Kinder auf einen herumreisenden Polen (Mirosław Baka), der verspricht, ihnen zu helfen. Währenddessen macht sich der ahnungslose Vater mit Stiefmutter Sylvia auf die Suche nach den vermeintlich entführten Kindern.

2002

BJÖRN ODER DIE HÜRDEN DER BEHÖRDEN
Berlinale: Lost High Tape Award

DIE SCHEINHEILIGEN
Kinostart

CYBERHEIDI 3D
Erstaufführung

BORAN
Filmfestival Max-Ophüls-Preis

PIECES OF MY HEART
Landshuter Kurzfilmfestival: 3. Publikumspreis

OTZENRATHER SPRUNG
Bayer. Fernsehpreis: Regie & Kamera

Michael Gutmann über MILCHWALD

2002

Es war einmal zur Jahrtausendwende und noch ein paar Jahre danach, da wurde das deutschsprachige Autorenkino verehrt und geliebt. Zum französischen Kinostart von MILCHWALD sprach der „Le Monde"-Kritiker von einem „pièce majeure", also von einem wichtigen Werk. Der Regisseur wurde zu einem der Botschafter der Nouvelle Vague Allemande.
Nicht allen hat das immer gefallen. Die Debatte um die sogenannte Berliner Schule trug teilweise groteske Züge.

„Es ehrt die Kritiker, wenn sie sich für kleine, häufig durch Selbstausbeutung entstandene Filme einsetzen. Es gibt davon erstaunlich viele in diesem Land, und nicht selten sind sie ganz besonders schön. Aber muss man dabei gleich alle Maßstäbe außer Acht lassen? Wenn, wie zu lesen war, MILCHWALD von Christoph Hochhäusler ein Meisterwerk ist, was ist dann CITIZEN KANE?"

Der Autor dieses Debattentextes, Produzent Günter Rohrbach, forderte einen freundlicheren Umgang der deutschen Kritiker mit dem handwerklich guten, aufwendig produzierten Publikumsfilm. „Ist das spärliche Lob, das sie uns gelegentlich spenden, es wert, all die Schmerzen zu ertragen, die sie uns zufügen, die Wunden, die sie uns schlagen, das Gift, mit dem sie uns töten?" (Spiegel 4/2007).

Viele unbeantwortete Fragen. MILCHWALD wieder anzusehen, ist jedenfalls ein Kino-Erlebnis.

>>

... magnifique ...
(Le Monde 31.8.2004)

... überragend ...
(Zeit 11.11.2004)

... a hypnotic study of parental obligation, childhood pluckiness and the blind cruelties of chance.
(Variety 4.3.2003)

Espace élargi et sentiments atrophiés: fuite et engluement sont alors les deux faces d'un malaise que le voyage ne fait que déplacer.
(Cahiers du Cinéma 2/2004)

... ein Film (...) der Horizonte aufstößt.
(BZ 13./14.11.2004)

Mit der Klarheit erzählt und inszeniert, die im Märchen selbst die merkwürdigsten Vorgänge völlig selbstverständlich erscheinen läßt.
(FAZ 14.2.2003)

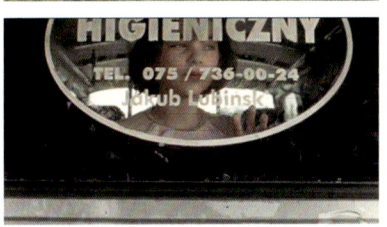

<<

AUFNAHME – Nominierung
First Steps Award: Dokumentarfilm

JENSEITS DER FERNE – DIE STILLE REISE DES ERFINDERS AUGUST FROMM
Nominierung Deutscher Kurzfilmpreis

DIE ANDERE – Festival der Filmhochschulen
München: Dt. Filmschulpreis in Bronze

SANTA SMOKES – EIN ENGEL IN NEW YORK
Studio Hamburg Nachwuchspreis: 2. Preis

BAJAN
VGIK Student Festival Moscow: Jurypreis

DIE GESCHICHTE VOM WEINENDEN KAMEL

PREISE

DIRECTORS GUILD OF
AMERICA AWARD

NOMINIERUNG
ACADEMY AWARD

NOMINIERUNG
NATIONAL SOCIETY OF FILM
CRITICS AWARD

NOMINIERUNG
EUROPÄISCHER FILMPREIS

NOMINIERUNG
DEUTSCHER FILMPREIS

BAYERISCHER FILMPREIS

FILM FESTIVAL
KARLOVY VARY

SAN FRANCISCO
FILM FESTIVAL
...

FESTIVALS

TORONTO FILM FESTIVAL

VANCOUVER
FILM FESTIVAL

MONTREAL
WORLD FILM FESTIVAL

FILM FESTIVAL
ROTTERDAM
...

Dokumentarfilm, Drama, 87 min, Super 16, color
Buch & Regie: Byambasuren Davaa, Luigi Falorni
Kamera: Luigi Falorni
Produktionsleitung: Tobias Siebert, Produktion: HFF München; Koproduktion: BR
Kinostart: 8. Januar 2004

Eine mongolische Hirtenfamilie kämpft mithilfe eines uralten mystischen Rituals um das Überleben eines verstoßenen Kamelkalbes.

Bereits seit Generationen lebt eine Nomadenfamilie mit ihrer Kamelherde in den schier unendlichen Steppen am Rande der Wüste Gobi. Als das Frühjahr sich bereits dem Ende zuneigt, bringt eine Kamelstute nur mit Hilfe der Hirten ein weißes Fohlen zur Welt. Eigentlich ein Grund zur Freude, doch als die Stute ihr Junges verstößt, scheint es dem Tode geweiht. Alle Bemühungen der Hirten, Muttertier und Nachwuchs zusammenzuführen, scheitern.

Die einzige Hoffnung, das weiße Fohlen doch noch zu retten, ist ein altes „Hoos-Ritual". So werden die beiden Söhne der Familie in die weit entfernte und ihnen fremde Stadt geschickt, um einen Musiker zu finden. Der soll die Stute mit seiner Pferdekopfgeige und uraltem Gesang zu Tränen rühren und sie so dazu bringen, ihr Fohlen anzunehmen.

© HFF München/Luigi Falorni

2003

DIE SCHLÄFER
Film Festival Rotterdam

NULLA SI SA, TUTTO S'IMMAGINA – SECONDO FELLINI
Visions du Réel Nyon

ONE ROOM MAN
Message to Man

HIMMELREICH
Filmfestival Max-Ophüls-Preis

CUBA
Landshuter Kurzfilmfestival: 2. Publikumspreis

HIMMEL WEIT
DOK.fest München: Förderpreis

Uschi Reich über DIE GESCHICHTE VOM WEINENDEN KAMEL

2003

In langsamen, fremden Bildern führt uns dieser Film in die Welt der letzten mongolischen Nomaden: Eine Welt der harten Arbeit, aber auch der Geborgenheit in der Familie – über Generationen hinweg – im Einklang mit der Natur und den Tieren.

Am Anfang sammelt der Opa der Hirtenfamilie Holz, verdorrte Äste, die der Wind durch die mongolische Steppe geweht hat, um damit ein Feuer zu machen. Dabei erzählt er vom Kamel, das dem Hirsch sein Geweih geliehen hat und noch immer darauf wartet, dass dieser es zurückbringt. Seine Geschichten sind für die Kinder der Familie Türen in eine ferne Welt. Und es müssen immer neue Geschichten sein!

Eines Morgens entdecken sie zuhause ein frisch geborenes Kamel. Es ist anders als andere Kamelbabys, weiß, nicht braun. Aber die Kamelstute – durch die lange, schwere Geburt traumatisiert – weigert sich, ihr Junges zu säugen. Die Familie tut ihr Bestes, doch das Kamelbaby kommt nicht auf die Beine. Sein Überleben ist in Frage gestellt.

Da erinnert sich die Familie an ein altes Ritual: Ein Geiger aus der Stadt muss kommen und mit seiner Musik die Stute besänftigen! Für die Kinder, die den Musiker finden sollen, wird es ein Wettlauf gegen die Zeit und zugleich eine abenteuerliche Reise in die Zivilisation: Auf ihrem Ritt in die Stadt begegnen sie zum ersten Mal der sich verändernden Welt. Sie ahnen, dass ihr Leben, das Leben der Nomaden, endlich ist ... Stattdessen wird die Welt, die sie gerade kennenlernen, in wenigen Jahren ihre eigene sein!

Ein kleiner Film über ein großes Thema hat damals, 2003, die Welt erobert. Der Film wurde auf zahlreichen Festivals bejubelt und sogar für den Dokumentarfilm-Oscar waren die Regisseure nominiert. So hat ein Filmmärchen ein anderes Märchen möglich gemacht ...

> ... remarkable ...
> (Variety 29.9.2003)
>
> Es gelingt (...) diese Geschichte so sensibel, intensiv und mit solcher Nähe zu erzählen, dass sie in keinem Moment als strenges Gleichnis daherkommt, sondern ganz unmittelbar den Nerv des Zuschauers trifft.
> (SZ 8.1.2004)
>
> ... ebenso spannend wie anrührend, ebenso aufschlussreich wie originell.
> (epd Film 1/2004)
>
> ... kein reiner Dokumentarfilm, sondern sein Spiel mit den Möglichkeiten der Form.
> (FAZ 12.1.2004)
>
> Eines der größeren Versäumnisse der Filmgeschichte ist es, dass es so wenig Nahaufnahmen von Kamelen gibt.
> (Tsp. 8.1.2004)

HIERANKL – Filmfest München:
Förderpreis dt. Film Regie & Schauspiel (w)

DIE KURVE
Temecula Valley Festival: Best Short

IM LABYRINTH
Hofer Filmtage

TALKS – 3 BUSHALTESTELLEN – 3 GESCHICHTEN
interfilm Berlin

SIMONES LABYRINTH
Santa Fe: Best Short

DER WALD VOR LAUTER BÄUMEN

PREISE
SUNDANCE FILM FESTIVAL
NOMINIERUNG DEUTSCHER FILMPREIS
BABELSBERGER MEDIENPREIS
INDIELISBOA
BUENOS AIRES FESTIVAL OF INDEPENDENT CINEMA
NEWPORT FILM FESTIVAL
COLOGNE CONFERENCE
VALENCIA FILM FESTIVAL
...

Spielfilm, Drama, 81 min, miniDV, color
Buch & Regie: Maren Ade; Kamera: Nikolai von Graevenitz
Produktion: Komplizen Film (Maren Ade, Janine Jackowski)
Koproduktion: SWR, Kaufmann & Wöbke (Rainer Kaufmann, Thomas Wöbke)
Kinostart: 27. Januar 2005

Es ist nicht leicht, ein neues Leben anzufangen. Vor allem dann nicht, wenn in diesem neuen Leben niemand auf einen wartet. Eine bittere Lektion für eine überengagierte Junglehrerin, die nimmermüde versucht, doch eigentlich alles richtig zu machen.

Die junge Lehrerin Melanie Pröschle (Eva Löbau) zieht nach Karlsruhe und tritt mit viel Idealismus ihre erste Stelle an. Sie will frischen Wind in die Schule bringen, doch ihre Kollegen reagieren genervt. Schnell entdecken auch die Schüler die Schwachstellen ihrer neuen, übereifrigen Lehrkraft. Einzig Kollege Thorsten (Jan Neumann) bemüht sich mit plumpen Flirtversuchen um Melanies Aufmerksamkeit.

Auf der Suche nach Anschluss lernt sie Tina (Daniela Holtz) kennen, doch nach dem kurzen Aufkeimen einer Freundschaft weicht auch Tina vor Melanies immer verzweifelteren Kontaktversuchen zurück. In einem Kreislauf aus Lügen, Selbsterniedrigung und Grenzüberschreitung verliert die junge Frau zusehends die Orientierung.

FESTIVALS
TORONTO FILM FESTIVAL
SOLOTHURNER FILMTAGE
SAN FRANCISCO FILM FESTIVAL
FILMFEST MÜNCHEN
...

© Komplizen Film

2004

ANNAOTTOANNA
Festival Court Métrage à Clermont-Ferrand

DIE DAUMENDREHER
Kurzfilmtage Oberhausen

WUNDERBARE TAGE
Cinema Concetta: 1. Platz

JUST GET MARRIED!
Filmwochenende Würzburg: 3. Preis

DER ANDERE HERBST
Cinéma du Réel

TARKOWSKIJ UND ICH
DOK.fest München

2004

Christoph Fromm über DER WALD VOR LAUTER BÄUMEN

Eine ungelenke Trennung. Dann zieht die junge Lehrerin Melanie in eine andere Stadt. Auf dem Einstandsfest wirbt sie dafür, etwas frischen Wind in die Schule zu bringen, das stößt auf Skepsis. Kurz darauf steht sie das erste Mal in ihrer viel zu lauten Klasse. Sie wird von einem Schüler mit Kaba beworfen und bestellt die Mutter ein. Die erklärt, Melanies fehlende Autorität sei Grund für die Renitenz des Sohnes und seine schlechten Leistungen.

Sie lernt eine junge Frau kennen, Tina, und klammert sich an sie, doch Tina hat zunehmend weniger Zeit. Auch andere fühlen sich zunehmend unwohl in Melanies Gesellschaft, ihre Klasse entgleitet ihr. Hinter Melanies Unsicherheit lauert eine tiefe Depression. Was ist der Grund? Die überängstliche Mutter, der sie am Telefon den Ferienbesuch verweigert?

Die Regisseurin lässt diese Frage klugerweise offen. Stattdessen schildert sie mit minutiöser Beobachtungsgabe Melanies Abstieg, der in ein alptraumartiges Abendessen mit Kollege Thorsten führt, dessen verklemmten verbalen Annäherungsversuchen sie sich konsequent verweigert. Was ist mit Melanies Sexualität? Sind ihre verzweifelten Annäherungsversuche an Tina Ausdruck einer unreflektierten erotischen Sehnsucht?

Auch diese Frage lässt die Regisseurin offen. Maren Ade beschreibt, sie erklärt nicht. Melanie wird von ihrer Depression fortgerissen, in einen dunklen Wald. Das war absehbar. Nicht absehbar ist, wie Maren Ade diesen letzten Augenblick von Melanie gestaltet. Licht flutet plötzlich durch die schwarzen Stämme und Melanie klettert auf den Rücksitz ihres führerlosen Autos. Ein einziges Mal wirkt ihr Lächeln gelöst, der Wind weht ihr durchs Haar und das Auto fährt jenseits der Realität viel zu lange weiter. Wie Maren Ade ihrer Figur, die sie durch einen äußerst realistischen Parcours der Demütigungen und Enttäuschungen geführt hat, einen surrealen Moment der Erlösung gönnt, das ist groß.

Es wäre vermessen zu sagen, dass man bereits hier das Genie der späteren Erfolgsregisseurin von Berlin und Cannes erkennen konnte, aber man konnte bereits damals sehen, dass es sich um eine sehr gute Regisseurin und Autorin handelt, die ihren Weg machen wird.

> Es ist fast nicht auszuhalten. Der Film (...) geht unter die Haut.
> (FAZ 9.11.2005)
>
> Wenn Kunst ist, was weh tut, ist dies wohl ein Meisterwerk.
> (Schwäbisches Tagblatt 9.11.2005)
>
> ... präzise, ausführliche Studie eines Zerfalls ...
> (SZ 27.2.2005)
>
> Das Meisterhafte dieses knallharten dokumentarischen Realismus ist der Balanceakt auf dem schmalen Grat zwischen Lächerlichkeit, Mitleid und blankem Entsetzen.
> (Schnitt #37 Frühjahr 2005)
>
> Einer der besten deutschen Filme seit langem!
> (MM 27.1.2005)

FÜR JULIAN
Filmfest München: Shocking Shorts Award

DIE ÜBERRASCHUNG – Palm Springs Shortfest: Future Filmmaker Award

ALLERSEELEN
First Steps Award: Spielfilm bis 60 Min.

NICHT MEINE HOCHZEIT
Hofer Filmtage

FRAGILE – Festival der Filmhochschulen München: Panther-Preis

HAT WOLFF VON AMERONGEN KONKURSDELIKTE BEGANGEN?

PREISE
DEUTSCHER KURZFILMPREIS
DIAGONALE FESTIVAL
ARTE DOKUMENTARFILMPREIS
DOKUMENTARFILMPREIS DES GOETHE-INSTITUTS
NOMINIERUNG FIRST STEPS AWARD
…

Essayfilm, 73 min, 35mm, color
Buch, Regie & Kamera: Gerhard Friedl
Produktionsleitung: Laura Einmahl, Ivette Löcker
Produktion: WDR, Gerhard Friedl Filmproduktion; Koproduktion: HFF München
Kinostart: 2. März 2006

Die Geschichte deutscher Wirtschaftsdynastien des 20. Jahrhunderts als undurchdringliches Netz kleinerer Delikte und großer Skandale, bizarrer Anekdoten und gewissenlosen Geschäftssinns, menschlicher Makel und durchtriebenen Unternehmertums.

Bild und Wort laufen zusammen, um sich sogleich wieder voneinander zu lösen. Ein Fakt reiht sich an den anderen, bietet trügerische Orientierung in einer skandalösen Chronik unsichtbarer Verbrechens. Totalen, Fahrten, Schwenks durch deutsche Industriestätten, Großstädte, Landschaften, begleitet von einem Sprechertext, der keinen Unterschied macht zwischen Geschäftsbericht und persönlichem Spleen. Es entfaltet sich ein vielschichtiger Diskurs, der Zusammenhänge herstellt, um sie im nächsten Moment wieder aufzulösen. Reihenweise fallen prominente Namen: Flick, Strauß, Krupp, Oetker. Die Stunde Null des deutschen Wirtschaftswunders wird negiert. Imperien werden aufgebaut und Fabriken geschlossen, Aktienkurse steigen und fallen, Geldkoffer wechseln den Besitzer. Flugzeuge stürzen ab, Intrigen werden gesponnen und Selbstmorde begangen. Und irgendwo im Dickicht der Desinformation versteckt sie sich doch, die Antwort auf die Frage: HAT WOLFF VON AMERONGEN KONKURSDELIKTE BEGANGEN?

FESTIVALS
DOCUMENTA 12
DOK.FEST MÜNCHEN
DUISBURGER FILMWOCHE
ACHTUNG BERLIN FESTIVAL
…

© HFF München/Gerhard Friedl

2005

WIR WAREN NIEMALS HIER
Berlinale

ENDSPIEL
Kurz Film Festival Hamburg

MITTWOCH
Festival Premiers Plans d'Angers

CLEANING UP YOUR WORLD
Landshuter Kurzfilmfestival

HERR ZHU
DOK.fest München: Förderpreis

2005

Tom Fährmann über HAT WOLFF VON AMERONGEN KONKURSDELIKTE BEGANGEN?

„Der Ausdruck ‚Und jetzt ...' umfasst das Eingeständnis, dass die von den blitzschnellen elektronischen Medien entworfene Welt keine Ordnung und keine Bedeutung hat und nicht ernst genommen zu werden braucht. Kein Mord ist so brutal, kein Erdbeben so verheerend, kein politischer Fehler so kostspielig, (...) dass sie vom Nachrichtensprecher mit seinem ‚Und jetzt ...' nicht aus unserem Bewusstsein gelöscht werden könnten. Wir stehen hier vor der Tatsache, dass das Fernsehen die Bedeutung von ‚Informiertsein' verändert, indem es eine neue Spielart von Information hervorbringt, die man richtiger als Desinformation bezeichnen sollte." Neil Postman beschreibt diese Form der Desinformation in seinem 1985 erschienenen Buch *Wir amüsieren uns zu Tode*.

Der Film von Gerhard Friedl zeigt auf verstörende Weise, was wir auch heute noch täglich in der journalistischen Arbeit des Fernsehens klaglos akzeptieren: Die beliebige, die politischen Zusammenhänge verschleiernde, zusammenhanglose Aneinanderreihung von Informationen.

Was Friedls Film so eindringlich macht, ist die Stimme eines Sprechers, der mit gewohntem journalistischen Duktus eine Reihe von Informationen zwanglos aneinanderfügt, Namen von prominenten Wirtschaftsbossen der Nachkriegszeit mit wesentlichen sowie völlig irrelevanten Informationen kombiniert und dazu einen Bilderteppich kredenzt, der mal optische Entsprechungen zum Text suggeriert, mal völlig zusammenhanglos im Nirgendwo verläuft.

Man kann nicht verstehen, was da erzählt wird, und – das ist das Wesentliche – man soll es eben auch gar nicht. Die historische Distanz von Namen und Ereignissen macht deutlich, was uns bei aktuellen Nachrichten gar nicht mehr auffällt: Nichts erklärt nichts, alles steht zusammenhanglos nebeneinander, so lässt sich die Welt nicht mehr verstehen. Solange Brot und Spiele garantiert sind, ist das Volk mit diesem Desinformationsbrei versorgt und es herrscht Ruhe im Land. Ein beeindruckender Film.

» ... Friedl liefert keine Aufklärungsarbeit ab, sondern einen außergewöhnlichen Film.
(FAZ 6.3.2006)

... als verfilme Dostojewskij Karl Marx.
(Jurybegründung Deutscher Kurzfilmpreis 2006)

Nur 132 Minuten Laufbilder hat (...) Gerhard Benedikt Friedl hinterlassen, bevor er im Juli 2009 aus dem Leben schied. Aber diese zweieinviertel Stunden sind Kino von Weltrang: Friedls Hauptwerk (...) HAT WOLFF VON AMERONGEN KONKURSDELIKTE BEGANGEN? (...) wirkt sechs Jahre nach [seiner] Entstehung noch immer brandaktuell und revolutionär.
(Die Presse 10.6.2010) «

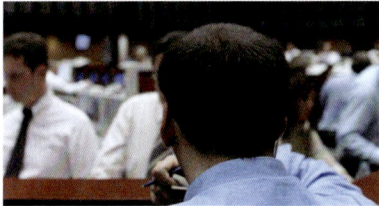

SCHLÄFER
First Steps Award: Abendfüllender Spielfilm

GEFÜHLTE TEMPERATUR
Hofer Filmtage

WINTERKINDER
DOK Leipzig

DAS LEBEN DER ANDEREN

PREISE
ACADEMY AWARD

NOMINIERUNG
GOLDEN GLOBE AWARD

INDEPENDENT
SPIRIT AWARD

EUROPÄISCHER
FILMPREIS

DEUTSCHER
FILMPREIS

CÉSAR

BRITISH ACADEMY
FILM AWARD

BAYERISCHER
FILMPREIS

FESTIVAL DEL FILM LOCARNO

FILMFEST MÜNCHEN

COPENHAGEN
FILM FESTIVAL

VANCOUVER
FILM FESTIVAL

WARSAW
FILM FESTIVAL

ZAGREB
FILM FESTIVAL
...

Spielfilm, Drama, 137 min, 35mm, color
Buch & Regie: Florian Henckel von Donnersmarck; Kamera: Hagen Bogdanski (BVK)
Produktion: Wiedemann & Berg Filmproduktion (Max Wiedemann, Quirin Berg)
Koproduktion: BR, arte, Creado Film
Kinostart: 23. März 2006

Die Staatssicherheit verwanzt die Wohnung eines berühmten Schriftstellers. Ein linientreuer Stasi-Offizier erhält den Auftrag, ihn zu belauschen. Nach und nach wird der Geheimdienstler zum stillen Komplizen.

Ost-Berlin, Mitte der 1980er Jahre. Der Stasi-Hauptmann Wiesler (Ulrich Mühe) erhält den Auftrag, den erfolgreichen Dramatiker Georg Dreymann (Sebastian Koch) und dessen Lebensgefährtin, die bekannte Theaterschauspielerin Christa-Maria Sieland (Martina Gedeck) auszuspionieren. Doch was als kühl kalkulierter, karrierefördernder Spitzeldienst geplant ist, stürzt Wiesler zusehends in einen schweren moralischen Konflikt: Durch die Beschäftigung mit dem Leben dieser „anderen" Menschen, mit Kunst und Literatur, lernt er Werte wie freies Reden und Denken kennen, die ihm bislang fremd waren. Aber trotz seiner plötzlichen Selbstzweifel sind die Mechanismen des Systems nicht mehr zu stoppen: Wieslers Existenz wird dabei ebenso zerstört wie die Beziehung zwischen Dreymann und Sieland. Als im Jahr 1989 die Mauer fällt, beginnt ein anderes Leben.

© Wiedemann & Berg Film GmbH & Co. KG

2006

VIER FENSTER
Berlinale

UNTER DER SONNE
Studio Hamburg Nachwuchspreis: Beste Regie

KINDER DER SCHLAFVIERTEL
Student Festival Tel Aviv

MONDSCHEINKINDER
Filmfestival Max-Ophüls-Preis: Publikumspreis

DREI VERSUCHE ÜBER MEINEN VATER
Tampere Film Festival

JABA
Festival de Cannes

Bernd Schwamm über DAS LEBEN DER ANDEREN

2006

1969/70 wurden für die Herstellung des Abschlussfilmes im A-Kurs 15.000 DM genehmigt. Koproduktionen waren nicht möglich. Allerdings wurden Geräte und Produktionsräume von der Bavaria bzw. dem BR zur Verfügung gestellt. Was macht man unter solchen Voraussetzungen? Man muss sich was einfallen lassen. Der Film heißt DER PARADIESGARTEN und ist mein Abschlussfilm aus dem Jahr 1970.

DAS LEBEN DER ANDEREN, ein Abschlussfilm aus dem Jahr 2006, ist ein bewundernswert professioneller Film und mit den kalkulierten rund 1,7 Millionen Euro auch noch ausgesprochen billig. Florian hat sich auf Gesichter und Innenräume konzentriert und darin das Drama und die Erschütterung gefunden. Das habe ich bei DER PARADIESGARTEN auch so gemacht.

Das wichtigste gemeinsame Merkmal aber ist der Einsatz und die Funktion der Musik. Eigentlich bestimmt sie die Handlung. Bei DAS LEBEN DER ANDEREN ist sie der entscheidende Punkt, die Wendung. Gerd Wiesler wird durch Musik berührt, gewandelt.

Schöner geht's kaum. Guter, alter Douglas Sirk. Damit geht der Film über das Muster, das Genre hinaus und es zeigt sich seine künstlerische und politische Relevanz.

Es ging damals für uns darum, das zu machen, was wir wollten und loswerden mussten. Ich versuchte eine Beschwörung des Stummfilms. Das schwarz-weiße Flimmern in dunklem Raum war eine Prägung aus früher Jugend. Ich dachte eigentlich nicht daran, ein großes Publikum zu haben. Ich dachte, der eine oder andere geht mit, oder er geht raus.

DAS LEBEN DER ANDEREN ist auf Erfolg konzipiert. Florian hatte durchaus Recht damit. Hollywood vor Augen. Warum nicht aufs Ganze gehen?

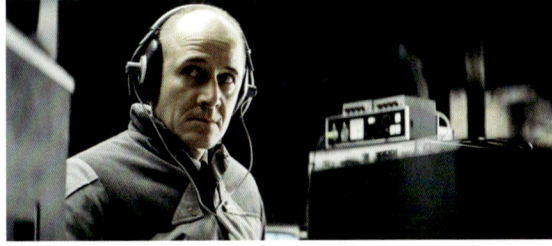

> **Florian Henckel von Donnersmarck setzt mit seinem Film über die DDR Maßstäbe.**
> (Die Zeit 23.3.2006)
>
> **... ein großer Gewinn für das junge deutsche Kino.**
> (film-dienst 6/2006)
>
> **... a powerful but quiet film, constructed of hidden thoughts and secret desires.**
> (Chicago Sun-Times 16.9.2007)
>
> **... it grips from the opening frame simply through the power of the performances and the way in which it doesn't stray down the usual political-thriller paths with simple stereotypes.**
> (Variety 11.6.2006)
>
> **... der beste deutsche Film seit langem.**
> (AZ 23.3.2006)

CASTELLS
Nominierung First Steps Award

ABSEITS
Hofer Filmtage

HOTEL VERY WELCOME
Film Festival Karlovy Vary

TIGERKRAUT
Starter Filmpreis der Stadt München

FINOW
DOK Leipzig

MILAN

PREISE

NOMINIERUNG
STUDENT ACADEMY AWARD

DEUTSCHER
KURZFILMPREIS

CAMERIMAGE

TAMPERE
SHORT FILM FESTIVAL

PALM SPRINGS
SHORTFEST

STUDENT FILM FESTIVAL
HOLLYWOOD

FESTIVAL DE FILMS DE FEMMES
DE CRÉTEIL

TAIPEI FILM FESTIVAL

ALPINALE FILM FESTIVAL

BRUSSELS
SHORT FILM FESTIVAL
...

FESTIVALS

SHORT SHORTS
FILM FESTIVAL ASIA

KOLKATA
FILM FESTIVAL

FILMFESTIVAL
MAX-OPHÜLS-PREIS

MEDFILM FESTIVAL ROME
...

Kurzspielfilm, Drama, 22 min, Super 16, color
Buch & Regie: Michaela Kezele
Kamera: Felix Novo de Oliveira
Produktion: Target Film (Kathrin Geyh, Daniela Ljubinkovic), Michaela Kezele
Koproduktion: BR, HFF München, Faculty of Dramatic Arts Belgrade

Jugoslawien während des NATO-Bombardements 1999. Ein kleiner Junge verabredet sich mit seinem großen Bruder, um im Wald Verstecken zu spielen. Doch der Bruder kommt nicht.

Der sechsjährige Milan (Andrija Nikčević) und sein älterer Bruder Ognjen (Nikola Rakočević) leben mit Mutter (Danica Ristovski) und Vater (Branislav Platiša) in einem kleinen Dorf nahe Belgrad in Jugoslawien.
Dem herrschenden Bürgerkrieg und den täglichen Luftangriffen zum Trotz versucht die Familie ein normales Leben zu führen. An einem Sommertag verspricht Ognjen seinem kleinen Bruder Milan, draußen im Wald mit ihm Verstecken zu spielen. Als Milan am vereinbarten Treffpunkt wartet, weiß er noch nicht, dass sein Bruder zur selben Zeit in einem Krankenhaus in Belgrad um sein Leben kämpft. Milan beginnt, nach ihm zu suchen. Doch anstelle seines Bruders findet er einen mit seinem Fallschirm notgelandeten und bereits als vermisst gemeldeten NATO-Piloten (Tim Williams). Während sich der Soldat mit Milans Hilfe aus den Bäumen befreien kann, spitzt sich Ognjens Situation weiter zu, denn nach einem Bombentreffer versagt die Elektrizität des Krankenhauses.

© Target Film/HFF München/BR

2007

CHRIGU
Berlinale: Preis der Ökumenischen Jury

DAS LEBEN IST EIN LANGER TAG
Visions du Réel Nyon: Prix de l'Etat de Vaud

FATA MORGANA
Filmfest München

FAIR TRADE
Filmfestival Max-Ophüls-Preis: Kurzfilmpreis

FÜR DEN ERNSTFALL
Cinéma du Réel: Pierre & Yolande Perrault Grant

AUFTAUCHEN
Sehsüchte Film Festival

Jakob Claussen über MILAN

2007

MILAN ist ein großes Drama – im zeitlich kleinen Format. Das geht meist und ganz besonders häufig bei Übungsfilmen an Filmhochschulen daneben. Große Emotionen kann man nicht erzwingen, einfach nur behaupten. Die Charaktere müssen einen erzählerischen Weg zurücklegen, die Zuschauer sollen sie kennenlernen und mehr über ihre Wünsche, ihr Verlangen und Begehren erfahren. Zustände müssen etabliert werden, um sich dann entwickeln, verändern und zuspitzen zu können. Dafür braucht man Zeit. Sehr erstaunlich und eindrucksvoll, dass es hier so gut gelingt, dass der Film die Zuschauer packt, obwohl er nur 22 Minuten kurz ist.

Zu meiner Studienzeit haben wir uns für Kurzfilme mit einem so dezidiert politischen Inhalt nicht interessiert. Wir haben Genres variiert, Komödien, Thriller, auch episch gemeinte Heldensagen. Uns ging es erst einmal um das Wie und weniger um das Was.

MILAN hingegen ist ernst gemeint. Das spürt man sofort. Liegt es daran, dass die Autorin und Regisseurin Michaela Kezele den Ort, das Personal, die Welt ihrer Erzählung so genau zu kennen scheint? Während wir damals lediglich unsere Kinoerlebnisse zu repetieren versucht haben?

Ganz sicher ist dem so.

Kraftvoll und spannend erzählt MILAN von einer Familie mit zwei Brüdern im Krieg. Eine klassische Fabel eigentlich, die ich aber so tragisch und traurig noch nie erlebt habe.

Und einen weiteren Grund hatte ich, von MILAN begeistert zu sein. Kathrin Geyh ist eine der beiden Produzentinnen des Films. Es ist für uns ganz einfach ein Quell ewiger Freude, erleben zu können, wie sich ehemalige Praktikantinnen, so wie Kathrin, und Praktikanten an der HFF München und später dann im Berufsleben souverän etablieren.

> **With an impressive cinematographic presence MILAN gives a realistic view of the effects of a war situation to the lives of ordinary, everyday people who are not on the battlefield. The presence of the war is felt constantly, and never goes away.**
> (Jurybegründung Tampere Int. Short Film Festival 2007)

> **Der dramaturgische Handlungsablauf, die präzise Inszenierung, die bemerkenswerten schauspielerischen Leistungen geben dem Film eine emotionale Intensität, die den Zuschauer nicht loslässt. Ein Plädoyer gegen den Krieg und für die Menschlichkeit.**
> (Jurybegründung Biberacher Filmfestspiele 2007)

HOFMANN UND SÖHNE
Fünf Seen Filmfestival

HEILE WELT
Nominierung First Steps Award: Schauspielpreis

EINSAME INSEL
Hofer Filmtage

DIENSTAG UND EIN BISSCHEN MITTWOCH
Duisburger Filmwoche

COSMIC STATION

PREISE
DEUTSCHER KURZFILMPREIS

NOMINIERUNG
DEUTSCHER KAMERAPREIS

ALCINE MADRID

FESTIVAL
DER FILMHOCHSCHULEN
München

KURZFILMWOCHE
REGENSBURG
...

FESTIVALS
VISIONS DU RÉEL NYON

FILM FESTIVAL
KARLOVY VARY

CPH:DOX

DOK LEIPZIG

KURZFILMTAGE
OBERHAUSEN

TAMPERE
SHORT FILM FESTIVAL

KURZFILMTAGE WINTERTHUR

VANCOUVER FILM FESTIVAL

MARSEILLE FESTIVAL OF
DOCUMENTARY FILM
...

Dokumentarfilm, Porträt, 30 min, 35mm, color
Buch & Regie: Bettina Timm
Kamera: Alexander Riedel
Produktion: Pelle Film (Alexander Riedel, Bettina Timm)
Koproduktion: BR, HFF München

Das All, das Nichts, die Einsamkeit – drei Wissenschaftler halten die Stellung in der einst größten kosmischen Forschungsstation der Sowjetunion.

In 3.500 Meter Höhe auf dem Berg Aragaz in Armenien stehen rätselhafte, halb zerfallene Bauten eines Großprojektes der ehemaligen Sowjetunion. Einst arbeiteten hier hunderte Wissenschaftler, Forscher und Mitarbeiter daran, Neues aus dem All zu erfahren.
Sie alle suchten nach kosmischen Strahlen, Boten aus dem Weltall, die auf ihrem Weg in zahllosen kleinen Explosionen Partikel freigeben.

Nach dem Zusammenbruch der Sowjetunion fließt aus Moskau kein Geld mehr und die Republik Armenien plagen inzwischen andere Sorgen.
Davon unbeirrt harren drei Wissenschaftler weiter in dieser riesigen, vom Rest der Welt vergessenen Forschungsruine aus. Wie in einer fernen Raumstation setzen sie ihre Arbeit fort und suchen bis heute nach neuen Erkenntnissen über das All.

© Pelle Film

2008

DER ROTE TEPPICH – Nominierung Förderpreis für den besten Absolventenfilm Dokumentarfilm

STILLER ABTRAG
Visions du Réel Nyon: Prix Regard Neuf

DAS BABY
Filmfestival Max-Ophüls-Preis

MEER IS NICH
Kinostart

DRAUSSEN BLEIBEN
Kinostart

Mika Kaurismäki über COSMIC STATION

Dieser Dokumentarfilm beginnt wie eine Fiktion, oder besser, wie eine Science-Fiction. Das fast apokalyptische Milieu wird in langsamen Bildern vorgestellt. Auch die Personen werden in aller Ruhe präsentiert, zuerst erfährt man fast gar nichts über sie. Alles wirkt mysteriös, die Spannung steigt. Dieser erzählerische Stil trägt durch den ganzen Film. Nur langsam erfährt man, worum es in dem Film überhaupt geht. Das Sujet ist zwar wahr, aber alles wirkt fast surreal.

Man sieht Menschen in ihren täglichen Routinen und Aufgaben, sie wirken geheimnisvoll und wichtig. Ein Mann zieht Kabel und Sensoren durch die Räume der kosmischen Station, ein anderer mit Kopfhörern hört aufmerksam einem Rauschen aus dem Weltall zu – oder vielleicht kommt es aus seiner uralten Hardware? Alles wirkt wie aus einem trashigen Science-Fiction-Film von Ed Wood; alle beschäftigen sich mit irgendwas und sehen dabei super wichtig und seriös aus – aber passieren tut eigentlich nichts.

Langsam rücken die Menschen in den Vordergrund und eine menschliche Tragödie wird enthüllt. Die Menschen stehen im Geheimdienst des Staates, aber ihre Arbeit hat keine Bedeutung. Sie wurden von der Zeit überholt und in den diesigen Bergen vergessen. Ohne Perspektive führen sie ihr Leben in dem Glauben weiter, dass sie existieren und in der Realität leben – was auch immer diese sein mag.

Dem Film gelingt es, die Fallstricke eines typischen Dokumentarfilmes zu vermeiden und seine eigene Welt zu erzeugen. Er wirkt seriös, aber nicht humorlos, er vermittelt eine feine Ironie. Der Film ist kompakt, verlangt aber Aufmerksamkeit; wenn man ihn nicht konzentriert anschaut und die Atmosphäre verinnerlicht, öffnet er sich vielleicht nicht, doch wenn man sich die Mühe macht, wird man mit einer interessanten und absurden Reise zu den existenziellen Grundfragen des Lebens belohnt. Was für eine Melancholie!

2008

» **Die Regisseurin Bettina Timm beschreibt diesen Ort und seine Bewohner in wunderschönen, sehr genau komponierten ruhigen Bildern. Es gibt keine Zwischenschnitte in diesem Film. Die Regisseurin sucht und findet für jede Situation die entsprechende Einstellung, die die Stimmung ihrer Protagonisten und die Unwirklichkeit des Ortes widerspiegelt.**
(Jurybegründung Deutscher Kurzfilmpreis 2008)

Timm's short lyrically portrays the decay of this place and the philosophical humor of the aging scientists as they continue their work with seemingly nowhere else to go.
(Film Comment 1/2 2009) «

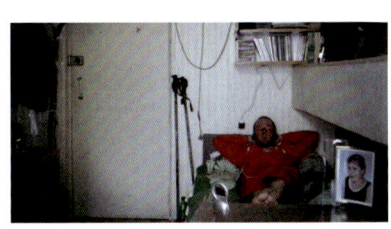

MÖRDER
Festival del film Locarno

SCHAFSKÄLTE
Starter Filmpreis der Stadt München

COMME TOUT AUTRE HUMAIN
Menschenrechts-Filmpreis

COMEBACK – Deutscher Kamerapreis:
Beste Kamera Dokumentarfilm

MIT SECHZEHN BIN ICH WEG
First Steps Award

WIEDERGEBOREN IN WESTFALEN
DOK Leipzig

DESPERADOS ON THE BLOCK

PREISE
FESTIVAL DEL CINEMA EUROPEO LECCE
FILMPREIS DES MEDIENCAMPUS BAYERN
STARTER FILMPREIS DER STADT MÜNCHEN
FÜNF SEEN FILMFESTIVAL
...

FESTIVALS
SAN SEBASTIAN FILM FESTIVAL
SÃO PAULO FILM FESTIVAL
CAMERIMAGE
FILMFESTIVAL MAX-OPHÜLS-PREIS
STOCKHOLM FILM FESTIVAL
EXGROUND WIESBADEN
FESTIVAL DER FILMHOCHSCHULEN MÜNCHEN
FESTIVAL DE CINE EN GUADALAJARA
...

Spielfilm, Drama, 85 min, digital, color
Buch & Regie: Tomasz Emil Rudzik
Kamera: Sorin Dragoi (RSC)
Produktion: Toccata Film (Friedrich Böhm, Sven Nuri)
Koproduktion: TEO Film (Sorin Dragoi, Alina Teodorescu), HFF München

Ein Aufzug im riesigen Studentenwohnheim in München-Freimann verbindet die Geschichten von drei sehr unterschiedlichen Menschen, die eines gemeinsam haben: den Wunsch, der Einsamkeit in der Fremde zu entkommen.

Der gehörlose lettische Student Motek (Andreas Heindel) hat sich in die Bibliotheksaufsicht Elvira (Korinna Krauss) verliebt. Mit Hilfe eines Zettels überreicht er ihr eine Einladung zu einem stummen Date. Überraschend willigt sie ein. Sin Xuah (Lizhe Liu) aus Shanghai ist seit einem Jahr Student in München. Um sein Studium zu finanzieren, gibt der zurückhaltende Chinese Mathematik-Nachhilfe. Die aufkeimende Sexualität seiner rebellischen Schülerin Hanna (Helen Woigk) bringt ihn aus dem Konzept.

Clara (Patricia Moga) studiert katholische Theologie. Als die streng gläubige Rumänin keine Antworten von Gott mehr bekommt, beschließt sie, alle zehn Gebote zu brechen, um wieder erhört zu werden. Als sie dem Studenten Dominik (Tristan Seith) von ihrem Vorhaben erzählt, kommt es zum Eklat.
Motek, Sin Xuah und Clara, deren Wege sich im Aufzug des Studentenwohnheims kreuzen, sind Fremde in Deutschland, die nach Akzeptanz und Wärme suchen und sich nach einem Gefühl von Heimat sehnen.

© Toccata Film/Fotos: Sorin Dragoi (RSC)

2009

WANTED – WHO MURDERED DEREK?
Visions du Réel Nyon

BERNSTEINLAND
Filmfestival Max-Ophüls-Preis

UPSTREAM BATTLE
„One World" Human Rights Film Festival

MY AMERICAN COUSIN
DOK.fest München

Franziska Buch über DESPERADOS ON THE BLOCK

2009

Im Aufzug eines Münchner Studentenwohnheims verknüpfen sich die Schicksale dreier Menschen, die nicht heimisch sind in dieser Stadt, in diesem Land – und letztlich auch nicht in ihrem eigenen Leben.

Der Blick des Regisseurs auf seine Figuren und deren Geschichten oszilliert mutig und souverän zwischen Beobachtung und Drama, zwischen Sprödigkeit und Fülle, zwischen Nähe und Distanz. Er riskiert es, uns mit Menschen zu konfrontieren, die in ihrer Vereinsamung nicht nur Opfer, sondern auch Täter sind – ihre Not macht sie durchaus egozentrisch, übergriffig, manipulativ. Der Film entwickelt dabei einen Sog, umschließt seine Figuren nahezu hermetisch und erzählt gerade dadurch von dem, was nur angedeutet ist: Er porträtiert nicht nur drei junge Exilanten – er fokussiert die Befindlichkeit seiner Generation.

Zu meiner Studienzeit in den 1980er Jahren war „Desperados" noch ein politischer Begriff und die „Verzweiflung", die ihm innewohnt, führte zum Aufbegehren gegen die bestehende Welt, gegen Kapitalismus, Imperialismus und Faschismus.

Deutschland war noch ein geteiltes Land. Punk, Häuserkampf und Friedensbewegung standen den Yuppies und dem Ausbruch einer hemmungslosen Marktwirtschaft gegenüber. In den Studentenwohnheimen prallten viele Bewegungen aufeinander, doch was die meisten vereinte, war die Idee von der Gemeinschaft. Dieses Ideal mag gescheitert sein, aber die Sehnsucht danach hat meine Generation noch geprägt.

In dem Film ist von diesem Ideal nichts mehr zu spüren. An die Stelle des Gemeinsinns tritt der Individualismus. Der Preis, den diese Generation dafür zu zahlen hat: Isolation. Diese Desperados verzweifeln nicht mehr an der Gesellschaft, sondern an sich selbst.

Der Fahrstuhl, der die Geschichten verbindet, ist dabei das Sinnbild für den Verlust von Nähe in einer Zeit, in der Kommunikation doch alles zu sein scheint. Dass der Film weder kraftlos, deprimierend noch larmoyant ist, liegt an seiner Klarheit und den Bildern des Aus- und Aufbruchs. An der Zärtlichkeit, mit der er seine Figuren zeichnet, und an der Liebe, auf deren Existenz er beharrt.

> **Shadows of Krzysztof Kieślowski, underlying existential dilemmas and non-professional actors add to this debut feature by a director (…) who shows maturity and a great sense for mise-en-scene.**
> (Cineuropa 22.6.2010)
>
> **Ungewöhnliche Charaktere, überraschende Wendungen und eine Fülle an symbolhaften Bildideen machen DESPERADOS ON THE BLOCK zu einem herausragenden Beispiel für Filmkunst, die sich der Poesie des Alltags verschrieben hat und nahe geht, ohne sich anzubiedern.**
> (Jurybegründung Starter Filmpreis der Stadt München 2010)

«

MENA
Fünf Seen Filmfestival

PENICILLIN
Hofer Filmtage

AVENIDAS ARGENTINAS
Nominierung First Steps Award

AUS DEM TRITT
Starter Filmpreis der Stadt München

REDEMPTION
IDFA: Award for Student Documentary

2010er

PICCO

PREISE
STUDIO HAMBURG NACHWUCHSPREIS
KULTURPREIS BAYERN
FILMFEST MÜNCHEN
FILMFESTIVAL MAX-OPHÜLS-PREIS
NEW FACES FILM AWARD
FILMFEST OLDENBURG
DUBLIN FILM FESTIVAL
FÜNF SEEN FILMFESTIVAL
NOMINIERUNG FIRST STEPS AWARD
…

Spielfilm, Drama, 105 min, 35mm, color
Buch & Regie: Philip Koch; Kamera: Markus Eckert
Produktion: Walker + Worm Film (Tobias Walker, Philipp Worm); Koproduktion: 40° Filmproduktion (André Bendocchi-Alves, Claudia Enzmann), Philip Koch Filmproduktion (Philip Koch), HFF München
Kinostart: 3. Februar 2011

Ein junger Mann kämpft sich durch den harten Alltag in einem deutschen Jugendgefängnis. Am 104. Tag seiner Haft eskaliert die Situation. Basierend auf wahren Begebenheiten.

Kevin (Constantin von Jascheroff) ist ein „Picco", ein Neuer im Jugendgefängnis und wird wie alle Neuen erstmal fertig gemacht. Unter seinen Zellengenossen Marc, dem Schläger (Frederick Lau), Tommy, dem Dealer (Joel Basman) und Andy, dem Intriganten (Martin Kiefer) herrschen Aggression und Frustration. Picco kann sich niemandem anvertrauen.

Die Psychologen sind hilflos, die Beamten überfordert, Piccos Mithäftlinge skrupellos.
In dieser für Picco neuen Welt, in der nur das Recht des Stärkeren zählt und brutale Gewalt den Alltag bestimmt, glaubt Picco trotz allem noch an das Gute. Bis zu der Nacht, die sein Leben und das seiner drei Zellengenossen für immer verändert.

FESTIVALS
FESTIVAL DE CANNES
FILM FESTIVAL KARLOVY VARY
CAMERIMAGE
SÃO PAULO FILM FESTIVAL
…

© Markus Eckert/Walker + Worm Film

2010

ES WIRD EINMAL GEWESEN SEIN
Filmfestival Rotterdam

THIS MOMENT IS NOT THE SAME
Visions du Réel Nyon: Prix Regard Neuf

AM ENDE DER WIESE
Message to Man

DIE GROSSE PYRAMIDE
Filmfestival Max-Ophüls-Preis

ASCHERMITTWOCH
Ausstrahlung WDR

WAS WIRD BLEIBEN
DOK.fest München: Förderpreis

Christian Becker über PICCO

2010

Als ich PICCO zum ersten Mal im Kino gesehen habe, war ich nicht nur sehr begeistert und schwer beeindruckt, sondern auch verstört. Der Film zeigt auf unglaublich intensive Weise, wozu Menschen fähig sind, und lässt einen lange nicht mehr los, auch weil die Story auf einer wahren Begebenheit in einer deutschen JVA beruht.

Philip Koch schafft es, den Alltag, die Hoffnungslosigkeit und die quälende Langeweile in einer Jugendvollzugsanstalt spürbar zu machen. Die vier Jungs Kevin, Tommy, Andy und Marc leben gemeinsam in einer Zelle auf engstem Raum. Kevin ist der Neue, der „Picco". Alles hier ist trist, es gibt nirgends einen Farbklecks, der Abwechslung im trüben Grau verschaffen würde. Die Jungs spielen Kicker oder Karten, werfen Tennisbälle an die Wand, drehen wie Raubtiere im Zoo ihre Runden über den quadratischen Hof.

Die Beklemmung, die nicht zuletzt durch Markus Eckerts wie immer großartige Kameraarbeit entsteht, ist für den Zuschauer manchmal schwer zu ertragen. „Ich will das hier einfach nur überstehen", sagt Kevin, und der Zuschauer versteht genau, wieso er das sagt.

Constantin von Jascheroff, Frederick Lau, Martin Kiefer und Joel Basman spielen diese Jugendlichen, die zu Mördern werden, mit einer Eindrücklichkeit und einem Können, das man selten so geballt gesehen hat.

PICCO ist für mich definitiv einer der besten deutschen Nachwuchsfilme seit Langem.

> » ... ein intensives, ungeheuer packendes Stück Kraftkino, vor dem man sich nur verbeugen kann.
> (KulturSpiegel 2/2011)
>
> ... meisterhaft inszeniertes, klaustrophobisches Erlebnis.
> (Deutschlandradio Kultur 1.2.2011)
>
> ... the level of violence depicted in this film is so intense that it makes a Michael Haneke movie like FUNNY GAMES look like a benign little fairy tale.
> (Hollywood Reporter 14.10.2010)
>
> ... ein dunkler Traum, aus dem es kein Aufwachen und kein Aufatmen gibt.
> (Jurybegründung Filmfestival Max-Ophüls-Preis 2010) «

DIE HUMMEL
Kinostart

PRIVATE EYES
Hofer Filmtage

KICK IN IRAN
Filmfest München

ON THE OTHER SIDE OF LIFE
Starter Filmpreis der Stadt München

OHNE ATEM
Festival der Filmhochschulen München

STILLE WASSER

PREISE
DEUTSCHER KAMERAPREIS
SANTA FE FILM FESTIVAL
EUROPEAN FILM FESTIVAL OF LILLE
SEHSÜCHTE FILM FESTIVAL
FÜNF SEEN FILMFESTIVAL
TRIESTE FILM FESTIVAL
STUDENT FILM FESTIVAL BELGRADE
ROMANIAN MOVIE AWARD
…

Kurzspielfilm, Drama, 31 min, 35mm, color
Buch & Regie: Anca Miruna Lazarescu
Kamera: Christian Stangassinger
Produktion: Filmallee (David Lindner Leporda), Daniel Schmidt, Cătălin Mitulescu
Koproduktion: BR, HFF München, Strada Film (Florentina Onea)

Zwei Männer sind entschlossen, aus Rumänien zu fliehen. Einer kann nicht ohne den anderen, doch zwischen ihnen herrscht tiefes Misstrauen.

Im Jahr 1986 wollen die beiden Rumänen Gregor (Toma Cuzin) und Vali (Andi Vasluianu) dem diktatorischen Regime Ceaușescus entkommen. Sie planen, nachts durch die Donau zu schwimmen. Über Jugoslawien wollen sie Richtung Westen reisen und in ein neues Leben aufbrechen. Es ist nicht ihr erster Versuch, aber dieser soll und muss gelingen. Alles ist vorbereitet.

Die Männer sind angespannt. Da sagt der eine, dass er noch eine dritte Person (Patricia Moga) mitnehmen will.
Als sich die Ereignisse überschlagen, muss jeder für sich eine Entscheidung fällen, denn sollten sie erwischt werden, sind Gefängnis oder Tod die einzigen Alternativen.

FESTIVALS
BERLINALE
FESTIVAL DE CANNES
TAMPERE SHORT FILM FESTIVAL
FESTIVAL COURT MÉTRAGE À CLERMONT-FERRAND
…

© Filmallee

2011

EIN SOMMER VOLLER TÜREN
Berlinale

SHALOM CHAVERIM, SHALOM, SHALOM
Visions du Réel Nyon

DIE INVASION VOM PLANETEN SCHRUMP
Filmfestival Max-Ophüls-Preis

WELK
Landshuter Kurzfilmfestival

WEIL DER MENSCH EIN MENSCH IST
DOK.fest München

Friedemann Fromm über STILLE WASSER

2011

Wasser – grau, zäh, gefährlich. Ob als Regen von oben oder in Form einer schier unüberwindlichen Grenze – der Donau, in deren Strudeln alles zu versinken droht. Bilder aus einem düsteren Land, die eine düstere Geschichte tragen, unsentimental und lakonisch erzählt, ohne Schnörkel.

Ein Film über die Grausamkeit von Grenzen – äußeren wie inneren. Und über die unbedingte Notwendigkeit, diese Grenzen zu überwinden, wobei es ohne Überwindung der inneren Grenzen keine wirkliche Freiheit geben kann.

In einer Zeit, in der in Europa allerorten wieder Grenzen gezogen werden – real oder verbal –, wirkt dieser Film erstaunlich aktuell, obwohl er eine Zeit erzählt, die längst vergangen und überwunden zu sein schien. Aber es geht in diesem Film um mehr als nur die Geschichte einer dramatischen Flucht.

STILLE WASSER erzählt eine große, tragische Geschichte über Sehnsucht nach Freiheit anhand eines Protagonisten, der im Inneren alles andere als frei ist. Der zerfressen wird von Ängsten und Misstrauen, nur bedacht auf seinen eigenen Weg. Der seinen Mitflüchtenden gegenüber feindlich eingestellt ist, der aber am Ende gezwungen wird, seine inneren Grenzen zu überwinden, um zu überleben.

Freiheit per se ist nur bedingt ein Wert, solange sie nicht durch Mitmenschlichkeit und Verantwortung gefüllt wird. Alle drei Figuren verfolgen in diesem Film ihren egoistischen Eigennutz und werden gezwungen, ihn am Ende aufzugeben und füreinander einzustehen, nachdem die Grenze ihr Opfer gefordert hat.

Dieses Ende, in dem zwei Menschen, die sich kurz vorher noch eine Last und Gefahr waren, einen Pakt eingehen, füreinander einstehen, macht STILLE WASSER zu einem besonderen Film, gibt ihm eine zeitlose Dimension und Allgegenwärtigkeit, die dem Zuschauer unter die Haut geht.

» **Ein brillanter Film über den Mut in der Ausweglosigkeit.**
(FBW-Gutachten)

Grandios unkommerziell und eigenwillig …
(SZ 21.3.2012)

… eine dichte, komplexe Geschichte mit authentisch-berührenden Bildern …
(Jurybegründung Regensburger Kurzfilmwoche 2011)

Ein Film, der (…) die Herzen berührt …
(MM 21.12.2012)

A work able to tell with great originality the tragedy of escaping from the former Communist Countries, making it a metaphor for a human condition common to all fugitives of every time and country.
(Jurybegründung Pentedattilo Film Festival 2011) «

PHOENIX IN DER ASCHE
Filmfest München

TOTEM
Mostra d'arte cinematografica di Venezia

LEBEN LASSEN
Hofer Filmtage: Förderpreis

TEARDROP
Camerimage

DER KAPITÄN UND SEIN PIRAT

PREISE
DEUTSCHER KAMERAPREIS
DOK.FEST MÜNCHEN
DOK LEIPZIG
FILMFESTIVAL MAX-OPHÜLS-PREIS
ZAGREB FILM FESTIVAL
CEBU FILM FESTIVAL
...

FESTIVALS
BERLINALE
VISIONS DU RÉEL NYON
CPH:DOX
DOCLISBOA
„ONE WORLD" HUMAN RIGHTS FILM FESTIVAL
MILANO FILM FESTIVAL
KRAKOW FILM FESTIVAL
...

Dokumentarfilm, 79 min, digital, color
Regie: Andy Wolff; Kamera: Tobias Tempel, Andy Wolff; 2nd Unit Kamera: Yusuf Guul
Produktion: Brockhaus/Wolff Films (Stefanie Brockhaus, Andy Wolff)
Koproduktion: Man's Films Productions (Marion Hänsel), WDR, BR, HFF München
Kinostart: 24. Januar 2013

2,75 Millionen Dollar werden in den Ozean geworfen. Das Geld landet neben einem gekaperten Frachtschiff im Wasser. Eine Entführung endet. An Bord schenkt der Kapitän seinem Piraten das letzte, was er noch besitzt: ein paar Schuhe.

Am 4. April 2009 wird das Containerschiff „Hansa Stavanger" vor der Küste Somalias von Piraten gekapert und die 24 Besatzungsmitglieder werden als Geiseln genommen. Fünf von ihnen sind Deutsche, darunter Kapitän Krzysztof Kotiuk. In den folgenden Wochen und Monaten versuchen die somalischen Piraten, angeführt von Ahado, Lösegeld für die Geiseln zu erpressen. Die Verhandlungen erweisen sich als enorm zäh. Von der Reederei im Stich gelassen und in der Hoffnung, sich und seine Crew lebend nach Hause zu bringen, entscheidet sich Kapitän Kotiuk dazu, mit dem Piratenanführer Ahado zu kooperieren. Doch Kotiuks Männer fühlen sich von ihm verraten und wenden sich von ihrem Kapitän ab.

Zurück in Deutschland kämpft Kapitän Kotiuk in seiner Therapie nicht nur gegen das Trauma seiner Entführung, die sich in der Rückschau erschließt. Gleichermaßen schwer wiegt bei Kotiuk auch das Gefühl, in seinen Absichten und Handlungen von seiner Mannschaft und der Reederei verkannt worden zu sein. Pirat Ahado bereitet in der Ferne derweil den nächsten Coup vor.

© Brockhaus/Wolff Films

2012

EISBLUMEN
Student Film Festival London: Best Acting

SCHILDKRÖTENWUT
Visions du Réel Nyon: Prix Regard Neuf

CALL IT A BALANCE IN THE UNBALANCE
Filmfestival Max-Ophüls-Preis

AUF TEUFEL KOMM RAUS – Nominierung
Grimme-Preis: Information & Kultur

SCHNEE
DOK.fest München: Förderpreis

Nina Grosse über DER KAPITÄN UND SEIN PIRAT

2012

Im April 2009 entern somalische Piraten das Containerschiff Hansa Stavanger. Zufällig treffen zwei Menschen aufeinander, Krzysztof Kotiuk, der Kapitän des Schiffes, und Ahado, der Chef der Piraten.

In einer unglaublich dichten Parallelmontage zeigen uns der Regisseur und sein Kameramann das Leben der beiden Männer und ihre Sicht auf die Ereignisse. Nicht nur, dass es den Filmemachern gelingt, Zugang zu den somalischen Piraten zu bekommen, gleichzeitig begleiten sie Kotiuk mit großer Behutsamkeit bei seiner Traumatherapie in der Klinik Windach.

Während Kotiuk sein totales Scheitern zu verarbeiten sucht (die Reederei hat ihn entlassen, die Mannschaft hat sich wegen Kotiuks angeblicher Kollaboration mit den Piraten gegen ihn gestellt), ist der charismatische Ahado völlig im Reinen mit sich. Die Frage nach der Moral stellt sich nicht, denn wie Kotiuk in einem Interview sagt: „Wenn Ahado hier in Europa leben würde, hätte der irgendeinen bürgerlichen Beruf."

Mit großer Empathie und analytischer Klarsicht schildert der Pirat die zunehmende Isolierung des Kapitäns: „Der Kapitän war wie eine Lampe, die einsam in einem Raum hängt."

Er beobachtet die Entmachtung des Alten und beschreibt gleichzeitig, wie er sich verpflichtet fühlt, dem verlassenen Mann zur Seite zu stehen.

Kotiuk tobt verzweifelt in seinem Krankenzimmer: „Können Sie mir erklären, warum ein primitiver Mann Verständnis und Anerkennung für das hat, was ich gemacht habe und meine Mannschaft nicht?"

Es ist nicht nur die Erzählung einer merkwürdigen Freundschaft, die diesen Film so besonders macht. Es ist auch eine Fabel über die menschenverachtende Kälte des Kapitalismus und über den möglichen Machtverlust der herrschenden weißen Klasse.

Jetzt, ein paar Jahre später, nachdem uns die Flüchtlingsproblematik überrollt und Europa in die Knie zwingt, taucht plötzlich eine spannende, neue Lesart auf: Kotiuk könnte für das gescheiterte, therapiebedürftige, überalterte Europa stehen, während Ahado all diejenigen repräsentiert, die sich mit Kraft und Vitalität das erobern wollen, was ihnen so lange verwehrt geblieben ist.

> **Der Film. Eine Sensation.**
> (SZ 7.12.2013)
>
> ... ein Einblick in eine Welt, die wir so noch nicht erzählt bekommen haben.
> (Jurybegründung Kinofest Lünen 2014)
>
> ... spektakulär.
> (taz 5.11.2012)
>
> ... spannend bis zur letzten Minute.
> (Saarbrücker Zeitung 24.1.2013)
>
> ... ein nahezu perfekter Dokumentarfilm, weil ihm die einzigen Elemente, die er für seine ungeheuerliche Erzählung braucht, zur Verfügung stehen und sein Regisseur (...) sie ebenso respektvoll wie klug einsetzt: die Protagonisten.
> (Jurybegründung DOK.fest München 2013)

ERNTEFAKTOR NULL – Nominierung Deutscher Kurzfilmpreis: Dokumentarfilme bis 30 Min.

SHAITAN
Hofer Filmtage

SAN AUGUSTIN
Fünf Seen Filmfestival

LUCKY SEVEN
Starter Filmpreis der Stadt München

DOPPELMORD
Festival der Filmhochschulen München

DER WALD IST WIE DIE BERGE

PREISE
DUISBURGER FILMWOCHE
NONFIKTIONALE BAD AIBLING
FRAUENFILMFESTIVAL DORTMUND | KÖLN
...

FESTIVALS
BERLINALE
VISIONS DU RÉEL NYON
DOK.FEST MÜNCHEN
SÃO PAULO FILM FESTIVAL
SEHSÜCHTE FILM FESTIVAL
EUROPEAN FILM FORUM SCANORAMA
DOCUMENTARIST ISTANBUL
PELICAM FILM FESTIVAL
...

Dokumentarfilm, Porträt, 101 min, digital, color
Regie: Christiane Schmidt, Didier Guillain
Kamera: Christiane Schmidt
Produktion: HFF München

Ein Dorf in den Ostkarpaten im Wandel der Jahreszeiten. Kinder werden geboren, die Ernte wird eingeholt, es wird philosophiert und gespielt. Eine Momentaufnahme.

Auf einem Hügel am Rande der rumänischen Kreisstadt Sfântu Gheorghe liegt ein Roma-Dorf. Die Nähe zur Stadt ist nur zu erahnen. Die Straßen hier sind unbefestigt, Pferdegespanne dienen als Transportmittel, Felder werden mit der Sense gemäht.
Die Roma ernten, was der Boden gerade hergibt, ob in den eigenen Gärten oder auf den umliegenden Feldern der Großbauern. In den Wäldern sammeln sie je nach Jahreszeit Beeren oder Pilze sowie Holz zum Heizen. Das wird immer gebraucht.

Doch das Leben in der heutigen Zeit ist für die Roma schwerer geworden. Für Ungelernte gibt es kaum noch Arbeit. Dorf-Chef Aron zeichnet ein düsteres Zukunftsbild. Denn ohne Geld könne man sich in der Politik der Mehrheitsgesellschaft kein Gehör verschaffen.
So bleibt der Zusammenhalt das kostbarste Gut der kleinen Gemeinschaft.

© HFF München/Christiane Schmidt

2013

ANATOMIE DES WEGGEHENS
Berlinale

SOBOTA
Visions du Réel Nyon

TEILHARD
Palm Springs Shortfest

GRUPPENFOTO
Filmfestival Max-Ophüls-Preis

ENDLESS DAY
Go Short – Nijmegen: Encouragement Award

FORT VON ALLEN SONNEN
DOK.fest München

Christoph Boekel über DER WALD IST WIE DIE BERGE

2013

Keine Musik. Kein Kommentar. Kein Zoom. Ruhige, lange Einstellungen, den Menschen immer nah, doch nie zu nah. Mit Handkamera und Festoptik sicher kadriert, kaum Schwenks. Präsenter Originalton. Ruhiger Schnittrhythmus. Das tut gut.

Der Film taucht in das genügsame Leben einer Romafamilie in einem Karpatendorf ein, nimmt mich mit in den ländlichen Alltag, durch vier Jahreszeiten mit den jeweils typischen Verrichtungen: Holzmachen, Mähen, Beeren und Kräuter suchen, Pilze sammeln. Im Zentrum steht die Kartoffelernte. Gespräche über Gott und die Welt. Oder Erzählungen, in die Kamera gerichtet. Der Film ist aus vielen kleinen, liebevoll aufgenommenen Episoden montiert.

Die Filmemacher zeigen eine schnörkellose dokumentarische Haltung, die mit großer Leichtigkeit die Poesie des Alltags herausarbeitet, ohne zu überhöhen. Das Leben, so wie es ist, ist hart. Wie in vielen postsozialistischen Ländern gibt es kaum Arbeit, die Familie führt ein karges Leben als Selbstversorger.

Beeindruckend ist die Vertrautheit zwischen den Filmemachern und den Menschen vor der Kamera, sie ist das Fundament dieses grundehrlichen Films. Er nutzt die Stärke des Dokumentarischen: Er nimmt mich mit in eine unbekannte Welt, unprätentiös und geradlinig, zeigt Lebenswirklichkeiten, ohne vorzuführen, ohne zu interpretieren oder mir Exotik einreden zu wollen – in meinem Verständnis ein demokratischer Film.

Ohne die technische Entwicklung wäre ein solcher Dokumentarfilm kaum möglich – gedreht wurde mit einem Fotoapparat. Circa 80 Stunden Material, also ein Drehverhältnis von knapp 1:50. Als ich in den 1970ern an der HFF studierte, betrug das Drehverhältnis durchschnittlich 1:3. Die Kameras wogen um die 10 kg, alle zehn Minuten war Kassettenwechsel und Fusselcheck. Trotzdem hätten wir uns damals natürlich gerne in unvorhersehbare Situationen begeben, aber das war vom Material her nicht bezahlbar.
Gut, dass sich das geändert hat.

> **Ein Dokumentarfilm mit dem Zeug zum Klassiker.**
> (FAZ 9.5.2015)
>
> **… warm, funny and immensely charming.**
> (Hollywood Reporter 13.2.2014)
>
> **Der Film ist ein Geschenk an dieses Dorf, ein bewegtes und bewegendes Gruppenporträt, für das niemand posierte.**
> (BZ 12.2.2014)
>
> **Die Kamerafrau Christiane Schmidt schafft im Fluss der Abläufe fein komponierte Bilder. Dank ihrem Blick und den Lichtstimmungen, die sie einfängt, entwickelt der Film eine malerisch-poetische Kraft, die einen in ihren Bann zieht.**
> (Jurybegründung Nonfiktionale 2015)

DREI STUNDEN
Fünf Seen Filmfestival

LOVE ALIEN
Starter Filmpreis der Stadt München

GEFALLEN
Stony Brooks New York: Best Short Film

EASTALGIA
Nominierung First Steps Award: No Fear Award

LITTLE CHE
Festival der Filmhochschulen München

NOCEBO

PREISE
STUDENT ACADEMY AWARD
STUDIO HAMBURG NACHWUCHSPREIS
KULTURPREIS BAYERN
BADEN-WÜRTTEM-BERGISCHER FILMPREIS
NOMINIERUNG FIRST STEPS AWARD
...

FESTIVALS
PALM SPRINGS SHORTFEST
GO SHORT – NIJMEGEN
CYPRUS FILM FESTIVAL
NEWPORT BEACH FILM FESTIVAL
SEHSÜCHTE FILM FESTIVAL
FÜNF SEEN FILMFESTIVAL
LANDSHUTER KURZFILMFESTIVAL
RHODE ISLAND FILM FESTIVAL
...

Kurzspielfilm, Drama, 38 min, digital, color
Buch: Maggie Peren
Regie: Lennart Ruff
Kamera: Jan-Marcello Kahl
Produktion: Südart Filmproduktion (Boris Jendreyko, Thomas Klimmer), Menelaos Film (Tobias M. Huber, Severin Höhne); Koproduktion: BR, arte, HFF München

Der Teilnehmer einer Medikamentenstudie stirbt. Ein weiterer will Hilfe holen, doch es wird mit allen Mitteln versucht, ihn daran zu hindern.

Der 22-jährige Christian (Vincent Redetzki) nimmt gemeinsam mit seiner Freundin Anna (Odine Johne) an einer Medikamentenstudie teil. Eines Nachts entdecken die beiden die Leiche eines weiteren Teilnehmers. Offensichtlich ist der Mann an Nebenwirkungen des Medikaments gestorben. Der verantwortliche Pharmakonzern vertuscht den Fall, um das Experiment fortführen zu können. Als auch bei Anna erste Nebenwirkungen eintreten, entschließt sich Christian, Hilfe zu holen, und flieht aus dem Forschungszentrum. Doch die Polizei glaubt ihm nicht, denn Christian leidet an paranoider Schizophrenie. Selbst seine Schwester Alice (Picco von Groote) ist skeptisch.
Dann tauchen plötzlich Verfolger auf. Was ist die wahre Geschichte hinter Christians Flucht? Gibt es Anna überhaupt? Wo beginnt die Realität – und wo endet sie?

© Südart Filmproduktion/Jan-Marcello Kahl

2014

WIE DU KÜSST
Blaue Blume Award

NACHT GRENZE MORGEN
Go Short – Nijmegen: Encouragement Award

MANN GEGEN MANN
Palm Springs Shortfest

FRÄULEIN ELSE
Filmfestival Max-Ophüls-Preis

TU' ES!
Landshuter Kurzfilmfestival

WALAA!
DOK.fest München

2014

Kathrin Richter über NOCEBO

Christian hat Jahre in der Psychiatrie verbracht. Er liebt Anna und will sie retten.

Der Film macht eine interessante dramatische Frage auf: Kann jemand, der sich selbst als paranoid-schizophren bezeichnet, jemanden davon überzeugen, dass seine Geschichte wahr ist? Das ist sehr unwahrscheinlich. Hinzu kommt, dass die Liebesgeschichte mit Anna in Flashbacks erzählt wird, was die Sache mit dem Hirngespinst untermauert. Der Zuschauer zweifelt, ob es Anna wirklich gibt.

Erst als Christians Schwester Zeugin seiner Verfolgung durch Unbekannte wird, fängt man an, ihm zu glauben. Hier nimmt der Thriller Fahrt auf. Spannende und gut gemachte Actionszenen, die in einem HFF-Film zu meinen Hochschulzeiten (als die Kurse noch Buchstaben hatten) undenkbar gewesen wären.

Witzige Pointe: Die Flucht im Parkhaus misslingt fast, weil Christian aus Nervosität Probleme mit dem Ticketautomaten hat. So was liebt man als Zuschauer.

Dann wagt sich Christian in das Haus des Antagonisten, der bei seiner Wahrheit bleibt – Christian ist verrückt und Anna gibt es nicht. Hier hat der Film eine weitere überraschende These parat: Wirklichkeit ist sozial konstruiert. Wenn zwei Menschen das Gleiche sehen, ist es wahrscheinlich wahr. Aber wenn zwei „Verrückte" das Gleiche sehen, dann MUSS es wahr sein. Das ist einfallsreich und witzig. Christian findet einen Beweis für Annas Existenz und rettet sie.

Ein super gemachter Thriller-Kurzfilm mit interessanten Thesen und Wendungen. Vielleicht ist die Auflösung ein bisschen rasch, der Showdown hätte „story wise" noch eine Wende vertragen – aber dann wäre es ja auch kein Kurzfilm mehr.

> ... eine am Rande des Wahnsinns oszillierende Verschwörungsstory, rasante Action-Sequenzen, ein wirklich romantisches Liebesdrama in Todesnähe und die klassische Kinofrage: Wo genau verläuft hier die Grenze zwischen Wirklichkeit und reiner Einbildung?
> (SZ 20.2.2015)

> Lennart Ruff stellt in seinem Abschlussfilm sein Wissen um Dramaturgie und das Handwerk eines Thriller-Regisseurs unter Beweis. Der Film sticht durch seine Lichtführung, die Montage und die Soundeffekte, vor allem aber durch seine Stunt- und Actionszenen hervor.
> (Jurybegründung Kulturpreis Bayern 2014)

GOOD LUCK FINDING YOURSELF
Filmfest München

JOB INTERVIEW
Dragon Con Atlanta

AMMA UND APPA
Kinostart

SHOOT ME – Nominierung Deutscher Kurzfilmpreis: Dokumentarfilme bis 30 Min.

MATCH ME
DOK Leipzig

NADESHDA
Menschenrechts-Filmpreis

NIRGENDLAND

PREISE
IDFA
DOK.FEST MÜNCHEN
NOMINIERUNG GRIMME-PREIS
NOMINIERUNG FIRST STEPS AWARD
STARTER FILMPREIS DER STADT MÜNCHEN
…

FESTIVALS
HOT DOCS TORONTO
ZAGREBDOX
LJUBLJANA DOCUMENTARY FILM FESTIVAL
„ONE WORLD" HUMAN RIGHTS FILM FESTIVAL
GUTH GAFA FILM FESTIVAL IRELAND
HUMAN RIGHTS FILM FESTIVAL ALBANIA
FÜNF SEEN FILMFESTIVAL
…

Dokumentarfilm, Drama, 72 min, digital, color
Buch & Regie: Helen Simon; Koautoren: David Lindner Leporda, Katharina Köster
Kamera: Carla Muresan
Produktion: Filmallee (David Lindner Leporda); Koproduktion: BR, HFF München
Kinostart: 2. April 2015

Eine Frau wird vom eigenen Vater missbraucht. Jahre später fällt ihre Tochter dem gleichen Peiniger zum Opfer. Gerichtsprotokolle und Erzählungen machen das Unbegreifliche erfahrbar.

Tina R. wurde schon früh eingetrichtert, dass nichts, was in der Familie passiert, nach außen getragen wird. So hält sie still, als ihr eigener Vater sie in ihrer Kindheit über Jahre hinweg sexuell missbraucht. Sie verdrängt diesen Teil ihres Lebens. Sie vergräbt ihn so tief, dass sie die verzweifelten Signale ihrer Tochter Floh nicht erkennt, als diese unter dem gleichen Täter die gleiche Tortur sexuellen Missbrauchs durchleiden muss. Erst nach Jahren des Schweigens fassen Tina und ihre Tochter den Mut und die Kraft, den Täter anzuklagen.

Eine Reise in das Innere von Tina R., einer vollkommen traumatisierten Frau, bei der nichts so ist, wie es sein sollte. Eine Frau, die ihr halbes Leben lang in den Strukturen einer destruktiven Familie gefangen war und dies nie überwunden hat. Eine Mutter, die mit ansehen musste, wie ihre eigene Tochter den Boden unter den Füßen verliert. Eine Frau, der nicht viel mehr geblieben ist als der Drang, niemals innezuhalten, um sich nicht in Gedanken zu verlieren.

© Filmallee

2015

I REMEMBER
Berlinale

SIBYLLE
Sehsüchte Film Festival

MOLLATH
Filmfest München

MISSION CONTOL TEXAS
Festival Max-Ophüls-Preis

LEAVING GREECE – Nominierung Grimme-Preis: Information & Kultur

DIE GEWÄHLTEN
DOK.fest München

Daniel Sponsel über NIRGENDLAND

2015

Die etablierte Genrebezeichnung „Dokumentarfilm" ist in jeder Hinsicht unzulänglich bis missverständlich oder gar falsch. Ein Dokumentarfilm hat mit der Aufgabenstellung „Dokumentation" nichts zu tun und ist in jeder Minute die filmisch-künstlerische Interpretation einer Lebensgeschichte. Im Falle des Films NIRGENDLAND die Geschichte von Tina, die einfach und grausam zugleich ist. Tinas eigener Vater hat in jungen Jahren nicht nur sie, sondern später auch ihre Tochter missbraucht. Nach einem gescheiterten Gerichtsprozess endet das Leben der Tochter im Suizid, der Vater bleibt unbestraft und Tina verstört zurück.

Die aufgezeichneten Dokumente, die Gerichtsprotokolle, die es zu diesem Fall gibt, sind nüchtern bis unerträglich. Allein die Protagonistin Tina und der filmische Umgang mit ihrer Geschichte verwandeln dieses Verbrechen an Körper und Seele zweier Kinder in eine Erzählung, die von der Kraft einer Frau zeugt, ihrem Schicksal etwas entgegenzusetzen.

Der Schlüssel zu einem außerordentlichen Film ist auch in diesem Fall die Protagonistin, die Heldin der Geschichte. Die filmische Umsetzung macht aus einer als Dokument grausamen Lebensgeschichte eine berührende Erfahrung.

Angefangen mit der Lichtsituation und der intensiven Nähe bei den Interviews, über die Gesprächsführung, bis zur Montage, die uns als Zuschauer mit autonomen Bildern immer wieder Zeit zur Reflexion lässt, erleben wir hier ein filmisches Meisterstück.

Was den sogenannten „Dokumentarfilm" in diesen Momenten von einem Spielfilm unterscheidet, ist die unglaubliche und einzigartige Energie, die von einem Menschen auf der Leinwand unverstellt auf seine Zuschauer einwirkt.

> **To make a difficult film, you need determination. To make an emotional film, you need to be sensitive. To make an intimate film, you need trust. And this film has it all. It makes us cry but it also shows us the strength to live.**
> (Jurybegründung IDFA 2014)

Helen Simon hat mit NIRGENDLAND einen erschütternden Dokumentarfilm über die Omertà der Frauen gemacht – und ihren Ausbruch daraus.
(EMMA 3/4 2015)

Die HFF-Absolventin Simon legt mit NIRGENDLAND einen in Herz und Hirn einfräsenden Film vor.
(MM 2./3.4.2015)

DER KÖNIG NEBENAN
Filmfest Weiterstadt

ADA
Hofer Filmtage

FÜNF METER PANAMA
Poitiers Film Festival

ALEXANDRA
Fünf Seen Filmfestival

TOTES LAND
Drama Short Film Festival: FIPRESCI Prize

EIN IDEALER ORT
Camerimage

INVENTION OF TRUST

PREISE
STUDENT ACADEMY AWARD

FILMFESTIVAL MAX-OPHÜLS-PREIS

FILMZEIT KAUFBEUREN

...

Kurzspielfilm, Drama, 30min, digital, color
Buch: Dimitrij Schaad, Alex Schaad
Regie: Alex Schaad
Kamera: Ahmed El Nagar
Produktion: Donndorffilm (Richard Lamprecht), HFF München

Ein anonymes Internetunternehmen erpresst einen jungen Lehrer mit der Veröffentlichung seiner privaten Daten. Als er sich weigert zu zahlen, droht er alles zu verlieren.

FESTIVALS
FESTIVAL DER FILMHOCHSCHULEN MÜNCHEN

BEST INDEPENDENTS FILMFESTIVAL KARLSRUHE

...

Der junge Gymnasiallehrer Michael Gewa (Dimitrij Schaad) bekommt eine rätselhafte Nachricht: Ein dubioses Internetunternehmen namens „b.good" hat seine Internet- und Handydaten gekauft und stellt ihm auf Grundlage seines digitalen Fußabdrucks ein Rating über seine persönlichen und beruflichen Fähigkeiten sowie über seine Beziehung aus.
Nur wenn Michael eine monatliche Gebühr bezahlt, wird „b.good" sein Online-Rating nicht veröffentlichen.

Als er sich weigert, dem Erpressungsversuch nachzugeben, wird sein Online-Rating veröffentlicht. Innerhalb kürzester Zeit muss der junge Mann erleben, wie ihm die Vertrauensbasis zu Freunden, Kollegen und Schülern und bald schon sein gesamtes Leben unter den Füßen weggezogen wird.

© HFF München/Ahmed El Nagar

2016

EUROPE, SHE LOVES
Berlinale

KÖNIG LAURIN
Bolzano Film Festival

DIE MASSNAHME
Studio Hamburg: Bestes Drehbuc

SCHAU MICH NICHT SO AN
Bayer. Filmpreis: Beste Nachwuchsregie

MARS CLOSER
Festival Court Métrage à Clermont-Ferrand

UTOPIE DER UNTERSCHIEDE
DOK.fest München

Gabriele Walther über INVENTION OF TRUST

2016

Alex Schaad ist ein Meisterwerk gelungen. Vom ersten Moment an wird der Zuschauer mit seiner eigenen Lebensrealität konfrontiert. Die ganz alltäglichen Handlungen des jungen Lehrers Michael Gewa, sein völlig normaler Umgang, sein Einsatz der digitalen Medien decken sich mit Jedermann. Er repräsentiert das durchschnittliche Nutzerverhalten dieser nicht mehr wegzudenkenden Alltagstechnologie in unserem Tagesablauf. Und ja: Auch das Aufpoppen einer Be-Good-Seite ist dabei selbstverständlich.
Alex Schaad gelingt es, in der präzisen Skizzierung der Ausgangslage dem Alltäglichen bereits eine große Spannung zu geben, wobei man sich anfänglich gar nicht so recht mit der Person des Lehrers identifiziert, sondern eher mit seiner Alltagsroutine.
Umso größer ist die Ohnmacht, die einen ergreift, wenn man die fatalen Auswirkungen und die brutale Ausgrenzung des Lehrers durch die alles registrierende App verfolgt. Man fühlt sich als Zuschauer in diesem Film ganz persönlich angegriffen und bedroht und sieht, gleich dem Hauptdarsteller, kein Entrinnen. Wie das Gute mit einem Klick zum Bösen wird – die Situation des Lehrers Michael Gewa ist genauso hoffnungslos wie die unsere, wenn sich die Vorzeichen nicht ändern.
Alex Schaad ist es perfekt gelungen, uns wachzurütteln und zu berühren. INVENTION OF TRUST wird kein Zuschauer mehr vergessen: Ein filmisches Mahnmal. Danke, Alex Schaad, für dieses Werk.
Es hat mich mehr berührt als alle anderen Filme und Bücher zu diesem Thema. Du hast mich ertappt, und das lässt mich nicht mehr los!

> Der Film skizziert einen Albtraum unserer Zeit, den Cyber-Super-Gau, und wie sich in der Story Eltern, Schüler und Freunde von dem Lehrer abwenden, ist der blanke Horror.
> (SZ 31.8.2016)
>
> Ein Film – großartig aktuell – großartig gespielt – kongenial fotografiert.
> (Jurybegründung Filmfestival Max-Ophüls-Preis 2016)
>
> Diese düstere Zukunftsvision eines gläsernen Menschen, die kaum aktueller sein könnte, war es wohl auch, die die Jury der Student Academy Awards letztlich überzeugte.
> (Münchner Feuilleton 10/2016)

TARFALA – Nominierung Student Academy Award: Foreign Documentary

BORDERLAND BLUES
Hofer Filmtage

AGONIE
Kinostart

TERRIER
Fünf Seen Filmfestival

VOICEMAIL
Festival Figueira da Foz: Best Student Film

DINKY SINKY
Biberacher Filmfestspiele: Bester Debüt-Spielfilm

DIE HFF-FILME DER ZUKUNFT

PREISE

... SIND NICHT ALLES, ABER: WER MÖCHTE NICHT GERNE GEWINNEN?

Langspielfilm als Serie in Kurzversion als Imagetrailer, als Doku, Fiktion, Installation, experimentell, journalistisch aufbereitet, SFX- und VFX-optimiert, für Kino, (Live-)Stream, multimedial, so lang wie nötig, in jeder Form denkbar, schwarz-weiß-multicoloured.
Buch, Regie, Kamera, Produktion: HFF-Studierende der Zukunft

Unbändige, vom Lehrpersonal noch ermutigte und von starken Partnern unterstützte Kreativität bahnt sich unerbittlich ihren Weg zur Umsetzung in bewegte Bilder.

FESTIVALS

... BLEIBEN IN DER FLUT DIGITALER BILDERWELTEN IMMER DIE ORTE FÜR PERSÖNLICHE BEGEGNUNGEN MIT DEM FILM UND SEINEN MACHERN!

Eine Idee entsteht im Kopf eines Studierenden oder in den Köpfen eines Teams. Ihr einziger, allumfassender Plan: Die Idee soll als Geschichte sicht- und hörbar werden, inhaltlich bewegen und das Publikum fesseln, amüsieren, unterhalten, aufrütteln, informieren, erschüttern, irritieren. Auf dass dieses Werk künstlerisch alle in seinen Bann zieht!

Aber überall lauern Antagonisten, die ihr Geld zurückhalten oder abstruse Änderungen fordern. Das Projekt droht zu scheitern. Doch die Studierenden retten sich mit ihrer Idee in das für Fremde undurchdringbare Labyrinth-System des großen HFF-Gebäudes. Um die Verfolger wissend, entwickeln sie ihre Bilder dennoch unerschrocken weiter und schwingen sich zu kreativen Höhenflügen bis auf die oberste Stufe der Himmelstreppe empor. Von da aus strahlen sie und überzeugen. Alle möchten ihnen nun ihre filmischen Ideen aus den Händen reißen. Die Partner überbieten einander, die Studenten haben die Qual der Wahl. Und so triumphieren Hartnäckigkeit und der Kampf für künstlerische Freiheit, um mit genau den richtigen Partnern gemeinsam neue Wege zu gehen.

© HFF München/Robert Pupeter/J. A. Ahrens

2017, 18, 19 ...

HFF-Präsidentin Bettina Reitz über DIE HFF-FILME DER ZUKUNFT

2017, 18, 19 ...

„Kinofilme interessieren mich überhaupt nicht." Als eine Studentin diesen Satz bei einer Diskussionsrunde mit namhaften Filmemacherinnen völlig selbstverständlich ins Mikrofon sprach, war ich überrascht. Aber als sie dann klar machte, in welchen seriellen Formaten sie ihre Geschichten stattdessen erzählen möchte, sprach sie aus, was ich zuvor schon bei vielen Studierenden beobachtet hatte und zunehmend wahrnehme: Die Studierenden denken zuerst an die Geschichte oder das Thema, das sie erzählen, den Inhalt, den sie dramaturgisch und künstlerisch konzipieren, die Charaktere, die sie entwickeln möchten. Sie denken zunächst an ihre direkten Ansprechpartner, Zuschauer und User und wann diese wieso was ansehen.

Die Studierenden denken in Zeit und Raum und an die Aufmerksamkeitsspanne, die sie selbst für ihre visuelle Erzählung aufbringen würden. Erst dann überlegen sie, welches Format passen könnte. Mitunter kreieren sie einfach selbst ein passendes. Sie tun dies inmitten von anderen Studierenden, für die der Kinofilm die einzig wahre Ausdrucksmöglichkeit für ihre Ideen und Geschichten ist.

Das wiederum ist das Tolle an einer Kunsthochschule wie der HFF München und der Vielfalt unserer Lehre: All das geht – und zwar miteinander und nebeneinander! Unsere Studierenden können ihre Geschichten vielfältiger erzählen als früher noch. Sie haben mitunter neue und andere Partner, erschließen ein neues Publikum und entwickeln gemeinsam neue Auswertungswege. Wichtig hierbei ist, dass wir sie darin unterstützen, ihre Geschichten zu verteidigen, gegen jegliche Widerstände im Umsetzungsprozess sowie gegen Rückschläge, wenn Partner und Publikum nicht immer sehen, was man zeigen möchte.

Das Ziel der HFF München ist es, mit visuellem Erzählen aufzufallen und unsere Studierenden für die Zukunft optimal auszubilden: starke künstlerische Persönlichkeiten, die die weltweite Filmsprache beherrschen, prägen und ihre Kreativität in die vielfältigen Bereiche unserer Gesellschaft tragen.

>>

Erste Filmförderung mit virtueller Währung geglückt – HFF-Absolventen drehen rein virtuell finanzierte Serie.
(Digital World News 2018)

Schnellstudium an der HFF München: Mit Prof. Werner Herzog in neun Stunden zum Blockbuster-Regisseur!
(Der Paketillion 2020)

Video-Installation aus der HFF München erzielt Rekordsumme bei Kunstauktion von Sotheby's.
(Die Kürze 2023)

Filmstandort München aufgrund großer Nachfrage überfüllt: Erstmals Absagen an Hollywood.
(Filmnews Bayern 2027)

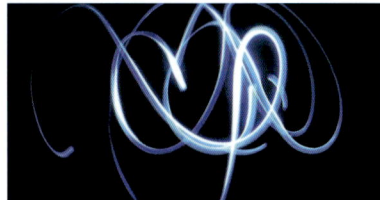

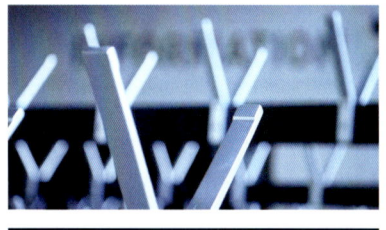

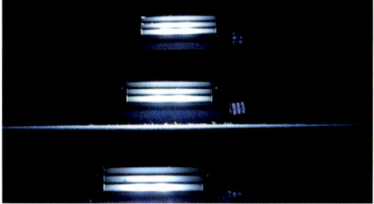

<<

FILMWISSENSCHAFTLICHER NACHTRAG ZU „SPRICH ZU MIR WIE DER REGEN"

Ein Film mit einer außergewöhnlichen Entstehungsgeschichte: SPRICH ZU MIR WIE DER REGEN entstand im Rahmen eines Seminars mit Douglas Sirk. Der berühmte Regisseur wurde 1897 in Hamburg als Hans Detlef Sierck geboren und machte zunächst in Deutschland mit Filmen wie LA HABANERA Karriere. 1937 floh er vor den Nationalsozialisten in die USA, wo er den Namen Douglas Sirk annahm. „Auch im amerikanischen Studiosystem konnte er sich behaupten, erfüllte die Codes und bewahrte sich doch seine persönliche Handschrift."[1] Maßgeblich prägte Sirk in den 1950er Jahren das Genre Melodrama.[2] Auf Initiative damaliger HFF-Studentinnen und -Studenten kam der Regisseur in den 1970er Jahren als Lehrbeauftragter an die HFF München, um jeweils mit einer Gruppe Regieübungen im Studio durchzuführen. Dabei entstanden unter seiner Leitung drei Kurzfilme: SPRICH ZU MIR WIE DER REGEN (1975), SYLVESTERNACHT – EIN DIALOG (1977) und BOURBON STREET BLUES (1978), Letzterer mit dem Sirk-Bewunderer Rainer Werner Fassbinder in einer Hauptrolle.[3]

Die abgebildeten Standbilder aus SPRICH ZU MIR WIE DER REGEN auf Seite 28/29 stehen beispielhaft für die Handschrift des Regisseurs Sirk: Trotz des Regens, der an der Fensterscheibe im fahlen Gegenlicht einer Coca-Cola-Reklame hinabperlt, scheint eine schwere Hitze das Zimmer zu erfüllen. Eine Frau sitzt am Fenster, trinkt aus einem Wasserglas und fächelt sich müde mit einer Zeitung Luft zu. Der erwachende Mann ist schweißgebadet, seine Haare fallen ihm strähnig in die Stirn. Das fahle, gebrochene Licht tut ein Übriges: Die Szenerie ist beklemmend, der Blick nach Außen weist nicht in die Weite, sondern er macht an einer Leuchtreklame auf der gegenüberliegenden Straßenseite Halt. Hier geht es ausschließlich um das spannungsreiche, enge, gefühlsgeladene Miteinander der beiden Figuren in ihrer ganzen Körperlichkeit.

Rainer Werner Fassbinder bringt es in einem Artikel über Douglas Sirk auf den Punkt: „Sirk hat gesagt, Film, das ist Blut, das sind Tränen, Gewalt, Hass, der Tod und die Liebe. Und Sirk hat Filme gemacht, Filme mit Blut, mit Tränen, mit Gewalt, Hass, Filme mit Tod und Filme mit Liebe. Sirk hat gesagt, man kann nicht Filme über etwas machen, man kann nur Filme mit etwas machen, mit Menschen, mit Licht, mit Blumen, mit Spiegeln, mit Blut, eben mit all diesen wahnsinnigen Sachen, für die es sich lohnt. Sirk hat außerdem gesagt, das Licht und die Einstellung, das ist die Philosophie des Regisseurs."[4]

---

1   Töteberg, Michael. *Rainer Werner Fassbinder*. Reinbek bei Hamburg: Rowohlt 2002, S. 74.
2   Läufer, Elisabeth. *Skeptiker des Lichts: Douglas Sirk und seine Filme*. Frankfurt am Main: Fischer 1987.
3   Weiterführend zu der HFF-Kurzfilmtrilogie von Sirk vgl.: Früh, Judith und Helen Simon (Hg.): *Bilder wilder Jahre. Die Filme der HFF München 1967–1979*. München: edition text + kritik 2011, S. 247–268.
4   Fassbinder, Rainer Werner: „Imitation of Life. Über die Filme von Douglas Sirk". In: Töteberg, Michael (Hg.): *Filme befreien den Kopf*. Frankfurt am Main: Fischer 1984, S. 11.

ANHANG

ABKÜRZUNGSVERZEICHNIS

AZ	Abendzeitung (München)
FAZ	Frankfurter Allgemeine Zeitung
FR	Frankfurter Rundschau
MM	Münchner Merkur
NZZ	Neue Zürcher Zeitung
SZ	Süddeutsche Zeitung
taz	taz. die tageszeitung
Tsp.	Der Tagesspiegel (Berlin)
tz	Tageszeitung München

BR	Bayerischer Rundfunk
NDR	Norddeutscher Rundfunk
SWF	Südwestfunk
SWR	Südwestrundfunk
WDR	Westdeutscher Rundfunk
ZDF	Zweites Deutsches Fernsehen
FBW	Deutsche Film- und Medienbewertung

Blaue Blume Award „Blaue Blume Award" – Preis für romantische Kurzfilme

First Steps Award „First Steps" – Der deutsche Nachwuchspreis

Menschenrechts-Filmpreis Deutscher Menschenrechts-Filmpreis

Murnau-Kurzfilmpreis Kurzfilmpreis der Friedrich-Wilhelm-Murnau-Stiftung

„One World" Human Rights Film Festival „One World" – International Human Rights Documentary Film Festival

achtung berlin Festival Achtung Berlin – New Berlin Film Award

Alcine Madrid Alcine – Festival internacional de cine de Alcalá de Henares Madrid

Alpinale Film Festival ALPINALE shortfilm festival

Barcelona Film Festival Barcelona International Film Festival

Berlinale Internationale Filmfestspiele Berlin

Bilbao Short Film Festival Festival Internacional de Cine documental y cortometraje ZINEBI

Braunschweig Film Festival Braunschweig International Film Festival

Brussels Festival of Fantasy, Thriller & Science Fiction Brussels International Fantastic Film Festival

Buenos Aires Festival of Independent Cinema Buenos Aires Festival Internacional de Cine Independiente

Cairo Film Festival Cairo International Film Festival

Camerimage Camerimage – The International Film Festival of the Art of Cinematography

Cebu Film Festival Cebu International Film Festival

Chicago Children's Film Festival Chicago International Children's Film Festival

Chicago Film Festival Chicago International Film Festival

Cinefest Sudbury Cinéfest Sudbury International Film Festival

Cinema Concetta „Cinema Concetta" – Rüsselsheimer Filmtage

Cinéma d'animation Annecy Festival International du Film d'Animation d'Annecy

Cinéma du Réel Cinéma du Réel – Festival international de films documentaires

Cinema Fantàstic de Sitges Festival Internacional de Cine Fantástico de Catalunya

Cinema Giovani Torino Film Festival

Copenhagen Film Festival Copenhagen International Film Festival

CPH:DOX CPH:DOX – Copenhagen International Documentary Festival

Cyprus Film Festival Cyprus International Film Festival

Diagonale Festival Diagonale – Festival des österreichischen Films

Doclisboa Doclisboa – International Film Festival

DOCUMENTARIST Istanbul DOCUMENTARIST – Istanbul Documentary Days

Drama Short Film Festival International Short Film Festival Drama

Dublin Film Festival Dublin International Film Festival

Edinburgh Film Festival Edinburgh International Film Festival

Elche Film Festival Alicante Festival Internacional de Cine Independiente de Elche

European Film Festival of Lille Festival du Cinéma européen Lille

European Media Art Osnabrück European Media Art Festival Osnabrück

exground Wiesbaden exground filmfest Wiesbaden

Feminale Internationales Frauenfilmfestival Dortmund | Köln

Festival Court Métrage à Clermont–Ferrand Festival International du Court Métrage à Clermont–Ferrand

Festival de Cine en Guadalajara Festival Internacional de Cine en Guadalajara

Festival de Cine Guanajuato Festival Internacional de Cine Guanajuato

Festival del Nuevo Cine Latinoamericano Havanna Festival Internacional del Nuevo Cine Latinoamericano – La Habana

Festival der Filmhochschulen München Internationales Festival der Filmhochschulen München

Festival des deutschen Kinos Mainz FILMZ – Festival des deutschen Kinos Mainz

Festival du Film d'Amour de Mons Festival International du Film d'Amour de Mons

Festival du Jeune Cinéma Toulon Festival international du jeune cinéma de Hyères

Festival Figueira da Foz Figueira Film Art

Festival of Film Schools Bologna Bologna European Festival of Film Schools

Film Festival Boston Boston International Film Festival

Film Festival Karlovy Vary International Film Festival Karlovy Vary

Film Festival Montecatini Montecatini International Short Film Festival

Filmfest Oldenburg Internationales Filmfest Oldenburg

Filmfest Weiterstadt Open Air Filmfest Weiterstadt

Filmfestival Rotterdam Antwerpen International Film Festival Rotterdam

Filmothek der Jugend Oberhausen Internationale Kurzfilmtage Oberhausen

Filmwoche Mannheim Internationales Filmfestival Mannheim–Heidelberg

Filmwochenende Würzburg Internationales Filmwochenende Würzburg

Filmzwerge Münster Filmfestival Münster

Frankfurter Filmschau Filmschau FrankfurtRheinMain

Frauenfilmfestival Dortmund / Köln Internationales Frauenfilmfestival Dortmund | Köln

Go Short – Nijmegen Go Short – International Short Film Festival Nijmegen

Göteborg Film Festival Göteborg International Film Festival

Göttinger Film Fest Europäisches Filmfestival Göttingen

Guth Gafa Film Festival Ireland Guth Gafa International Documentary Film Festival

Helsinki Film Festival Helsinki International Film Festival

Hofer Filmtage Internationale Hofer Filmtage

Hong Kong Film Festival Hong Kong International Film Festival

Hot Docs Toronto Hot Docs – Canadian International Documentary Festival Toronto

Human Rights Film Festival Albania International Human Rights Film Festival Albania

IDFA International Documentary Film Festival Amsterdam

Indianapolis Film Festival Indianapolis International Film Festival

IndieLisboa IndieLisboa International Independent Film Festival

Informationstage Oberhausen Internationale Kurzfilmtage Oberhausen

Istanbul Film Festival International Istanbul Film Festival

Istanbul Short Film Festival Istanbul International Short Film Festival

Kolkata Film Festival Kolkata International Film Festival

Kurz Film Festival Hamburg Internationales Kurz Film Festival Hamburg

Kurzfilmfestival Berlin Internationales Kurzfilmfestival Berlin

Kurzfilmtage Oberhausen Internationale Kurzfilmtage Oberhausen

Kurzfilmtage Winterthur Internationale Kurzfilmtage Winterthur

Kurzfilmwoche Regensburg Internationale Kurzfilmwoche Regensburg

Le nombre d'Or Festival „Le Nombre d'Or" International Widescreen Festival Amsterdam

Leipziger Dokumentar– und Kurzfilmwoche DOK Leipzig – Internationales Leipziger Festival für Dokumentar– und Animationsfilm

Ljubljana Documentary Film Festival Ljubljana International Documentary Film Festival

London Film Festival BFI London Film Festival

Maremma DOC Maremma Documentary Festival

Marseille Festival of Documentary Film FIDMarseille – Festival International de Cinéma de Marseille

MedFilm Festival Rome MedFilm Festival – Mediterranean Cinema Rome

MEDIASCHOOL Lodz Mediaschool Film Festival Lodz

Mediawave Festival Mediawave International Film and Music Festival

Message to Man St. Petersburg International Film Festival Message To Man St. Petersburg

Miami Film Festival Miami International Film Festival

Montreal World Film Festival Festival des Films du Monde de Montréal

Mostra internazionale d'arte cinematografica di Venezia Mostra internazionale d'arte cinematografica di Venezia – La Biennale di Venezia

New York LGBT Film Festival NewFest – New York LGBT Film Festival

Newport Film Festival newportFILM

Nonfiktionale Bad Aibling Nonfiktionale – Festival des dokumentarischen Films Bad Aibling

Nordische Filmtage Nordische Filmtage Lübeck

Palm Springs Film Festival Palm Springs International Film Festival

Palm Springs Shortfest Palm Springs International Shortfest

Pelicam Film Festival Pelicam International Film Festival on environment and people

Poitiers Filmschools Festival Poitiers International Film Schools Festival

Rhode Island Film Festival Flickers' Rhode Island International Film Festival

RiverRun Film Festival RiverRun International Film Festival

San Francisco Film Festival San Francisco International Film Festival

ANHANG

San Francisco Lesbian and Gay Film Festival   San Francisco International LGBT Film Festival

São Paulo Film Festival
 São Paulo International Film Festival

Seattle Film Festival
 Seattle International Film Festival

Sehsüchte Film Festival
 Sehsüchte International Student Film Festival

Semana de Cine Naval y del Mar Cartagena   Festival de Cine de Cartagena

Stockholm Film Festival
 Stockholm International Film Festival

Student Film Festival Beijing   International Student Film and Video Festival of Beijing Film Academy

Student Film Festival Belgrade
 International Student Film Festival Belgrade

Student Film Festival Hollywood
 International Student Film Festival Hollywood

Student Film Festival Tel Aviv
 Tel Aviv International Student Film Festival

Tage des unabhängigen Films Osnabrück
 Unabhängiges FilmFest Osnabrück

Tampere Short Film Festival
 Tampere International Short Film Festival

Temecula Valley Festival
 Temecula Valley International Film Festival

Toronto Film Festival
 Toronto International Film Festival

Tromsø Film Festival
 Tromsø International Film Festival

Uppsala Film Festival
 Uppsala International Short Film Festival

Valencia Film Festival   Festival Internacional de Cine de Valencia Cinema Jove

Valladolid Film Festival   Semana Internacional de Cine de Valladolid

Vancouver Film Festival
 Vancouver International Film Festival

VGIK Student Festival Moscow
 VGIK International Student Festival Moscow

Visions du Réel Nyon   Visions du Réel – Festival international de cinéma Nyon

Warsaw Film Festival
 Warsaw International Film Festival

Yamagata Documentary Film Festival
 Yamagata International Documentary Film Festival

ZagrebDox   Zagrebdox – International Documentary Film Festival

PERSONEN- UND FILMREGISTER

A

Abgeschminkt   68 f.
About War   66 f.
Abrahams, Mick   14
Abramowsky, Klaus   46
Abschiedsbilder   47
Abseits   97
Abstellgleis   26
Abwärts   42
Achternbusch, Herbert   64
Ada   117
Ade, Maren   86, 92 f.
Adventures in good Music   97
Adverts, The   32
Aebersold, Urs   12
Agonie   119
Ahado   110 f.
Ahrens, Juliane A.   120
Aichholzer, Wolfgang   64
ALABAMA (2000 Light Years)   16 f.
Albert – Warum?   34 f.
Alberts Träume   54
Alexandra   117
Alexandre, Miguel   66 f.
Alice und der Aurifactor   72
Alighieri, Dante   29
Allen, Woody   59
Allerseelen   93
Althen, Michael   17
Altmann, Hans   26
Altosax   46
Am Abend aller Tage   52
Am Ende der Wiese   106
Amazing Rhythm Aces, The   41
Amerongen, Wolff von   94 f.
Amma und Appa   115
Ampaw, King   16
Anatomie des Weggehens   112
Andenken an einen Engel   47
andere Herbst, Der   92
Andere, Die   89
Anderen, Die   56
Andrae, Manfred   74
Anger, Kenneth   71
Angesichts ihrer fatalen Veranlagung scheidet Lilo Wanders freiwillig aus dem Leben   70 f.
Annaottoanna   92
Anonymous   49
Anschütz, Ludwig   12
Antonioni, Michelangelo   21
Arbogast   12
Arche Noah Prinzip, Das   48 f.
Aristoteles   37
Aschermittwoch   106
Astral – Black Magic – Music is Connection   25
Asyl   49
Auf der Suche nach El Dorado   52
Auf Teufel komm raus   110
Aufbruch der Blutcrew   53
Aufdermauer – ein Film als Gnadengesuch   46 f.
Aufnahme   89
Aufstand der Hasen   28
Auftauchen   98
Aus dem Tritt   103
Aus gutem Grund   67
Ausgestorben   74
Avenidas Argentinas   103

B

Baader Meinhof Komplex, Der   27
Baby, Das   100
Badura, Gabriela   50
Baer, Gertrud   33
Bajan   89
Baka, Mirosław   88
Ballhaus, Michael   74 f.
Balzli, Res   62
Baranski   37
Bärchen und die Milchbubis   43
Bargain Town – Liffey Quays   62
Baron, Joey   62
Basedow, Rolf   57
Basman, Joel   106 f.
Battista, Ciro   62
Bayer, Osvaldo   54
Baywatch   53
Beck, Jeff   14
Becker, Christian   76 f., 80, 84 f., 107
Bendocchi-Alves, André   106
Benedikt, Gerhard   95
Bentele, Michael   42
Benton, Grant   74
Berg, Quirin   96
Bernd Eichinger – Wenn das Leben zum Kino wird   85
Bernsteinland   102
Biczycki, Jan   52
Bierce, Ambrose   66
Bilder aus der Stadt – Sekundenfilme II   31
Binner, Fritz   34 f.
Bishop, Elvin   14
Bitová, Iva   62
Björn oder die Hürden der Behörden   88
Blick eines Alten   86
Block, Axel   79
Bloomfield, Mike   14
Blow Up   21
Blutsbrüder   74
Boekel, Christoph   113

ANHANG

Boettger, Ludwig   44
Bogdanski, Hagen   96
Böhm, Friedrich   102
Bohm, Marquard   26
Bolero   22 f.
Boliden   66
Bollhalder, Bruno   28
Boran   88
Borbély, Stefan von   72
Borchu, Uisenma   23
Borderland Blues   119
Borderline – Die Prostitution   50
Bourbon Street Blues   42, 122
Brandenberg, Hans   44
Brandt, Willy   32
Brauer, Charles   36
Brausepöter   43
Brennicke, Nadeshda   84
Breuer, Torsten   68
Brockhaus, Stefanie   110
Brokemper, Bettina   15
Broz, Der   74
Bruckmann, Leo   88
Bruckners Entscheidung   73
Brüder Skladanowsky, Die – Erster Akt   73
Brunner, Willy   28
Buch, Esteban   54
Buch, Franziska   103
Buchrieser, Franz   48
Bückle, Helmut   52
Büld, Wolfgang   32 f.
Bullchix   71
Burke, Calvin   74
Burkhard, Gedeon   68

C

C & A Daydream   53
Cadillac Ranch   50
Call it a Balance in the Unbalance   110
Cargo   55
Castells   97
Ceaușescu, Nicolae   108
Celler Loch, Das   58
Chamlet   55
Chrigu   98
Christiane F. –
   Wir Kinder vom Bahnhof Zoo   27
Chronik der Anna Magdalena Bach, Die   43
Cieslinski, Peter   56 f.
Cineast, Der   74
Citizen Kane   89
City Blues   34
Clapton, Eric   14
Clash, The   32
Claussen, Jakob   99
Cleaning Up Your World   94
Clowns?!   78
Colonia Dignidad   81
Comeback   101
Comme tout autre humain   101
Connection   25
Conrad, Sophie   88
Cosmic Station   100 f.
Countdown   78
Cross the River   44
Cuarentena – Exil und Rückkehr   48
Cuba   90
Cut Away   87
Cuzin, Toma   108
Cyberheidi 3D   88

D

Da schaut man nicht   56
Dann werden sie schon schießen ...   59
Dark Spring   18 f.
Darschin, Felicitas   77
Daumendreher, Die   92
Davaa, Byambasuren   90
Dazwischen   57
Desperados on the Block   102 f.
Deutsche Welle   42 f.
Deutscher Kaiser   42 f.
Deutschland und das Ich   72
Deyle, Florian   41
Dienstag und ein bisschen Mittwoch   99
Dinky Sinky   119
Ditter, Christian   59
Dittrich, Klaus   48
Dobermann   84
Doppelmord   111
Dörrie, Doris   75
Dostojewskij, Fjodor Michailowitsch   95
Dragoi, Sorin   78 f., 102
Draußen bleiben   100
Drei D   58 f.
Drei Stunden   113
Drei Versuche über meinen Vater   96
Dresden   51
Drexler, Gottfried   64
Dreyer, Carl Theodor   29
Duell im Labyrinth   66
Duras, Marguerite   51
Dylan, Bob   17
Dyvi Offshore   48

E

Eastalgia   113
Echeverría, Carlos Alejandro   54 f.
Eckert, Markus   106 f.
Edel, Uli   27
Eichenseer, Michael   34
Eichinger, Bernd   26 f.
Eichinger, Sabine   26
Einsame Insel   99

Eisblumen 110
Emigrazione 36
Emmerich, Roland 48 f., 51
Endless Day 112
Endspiel 94
Engel, Judith 88
Engström, Ingemo 12, 18, 19
Enzmann, Claudia 106
Erntefaktor Null 111
Erste Film, Der 12 f.
Erste Walzer, Der 35
Es lebe der R ... 62
Es wird einmal gewesen sein 106
Escutia, José Luis 80
Europe, she loves 118

F
Faces, (The) 21
Fährmann, Tom 95
Fair Trade 98
Falorni, Luigi 90
Falsche Bilder 40
Fassbinder, Rainer Werner 122
Fata Morgana 98
Fehlanzeige 47
Fehlbaum, Tim 17
Fehlstart 47
Feix, Violetta 28
Fenstersturz 87
Feuerprobe 45
Fieber 81
Fiedler, Bernd 18
Fights 75
Film für Cheyenne 21
Finger 54
Finow 97
First Wave 14 f.
Fitz, Erich 76

Fleiß und Härte 48
Flitton, Sheila 66
Flucht, Die 51
FM-Einheit/Mufti 42
Fockele, Jörg 70
Förderer, Markus 49
Fort von allen Sonnen 112
Fotofinish 53
Fragile 93
Frank, Robert 62
Franzmann 41
Fräulein Else 114
Freispiel 66
Freitag Nacht 43
Fremde Donner, Der 49
Fried, Amelie 69
Friedel, Christian 16
Friedl, Gerhard 94 f.
Friedländer, Norbert 36
Frith, Fred 62 f.
Fromm, Christoph 93
Fromm, Friedemann 109
Fuchsmühl 26
Fünf Meter Panama 117
Funny Games 107
Für den Ernstfall 98
Für Julian 93

G
Gaensheimer, Susanne 57
Gallagher, Rory 14
Gallenberger, Florian 80
Galvin, Brendan 66
Gangster 19
Gansel, Dennis 84 f.
Gardner, Rick 24
Garnier, Katja von 68 f.
Gaye, Orla 66

Gedeck, Martina 96
Gefallen 113
Gefühlte Temperatur 95
Gemeine Lügner 53
Gempart, Michael 24
Geschichte vom weinenden Kamel, Die 90 f.
Gesicht, Das 36
Gewählten, Die 116
Geyh, Kathrin 98 f.
Gienanth, Ira von 57
Gies, Hajo 12, 28
Glück zum Anfassen 56
Godard, Jean-Luc 59
Goetz, Irene 44
Goldberg, Rube 73
Gonzalez, Paco 76
Good luck finding yourself 115
Gözkaya, Ali 88
Graevenitz, Nikolai von 86, 92
Graf, Dominik 36 f.
Grau, Hans-Joachim 50
Green, Peter 14
Grollmann, Clarens 88
Gronenborn, Esther 31
Gröning, Philip 56 f.
Groote, Picco von 114
Große Lacher, Der 77
Große Pyramide, Die 106
Grosse, Nina 111
Grosvenor, Luther 14
Grünberg, Klaus 46
Gruppenfoto 112
Gschwind, Karlheinz 34
Guillain, Didier 112
Gulde, Johannes 22
Gurbet 42
Gutmann, Michael 89

ANHANG

Guul, Yusuf   110

H
Habanera, La   122
Haberland, Margita   42
Häberle, Thomas   84
Haenecke, Marc   70
Hafenklang   53
Haneke, Michael   107
Hansaplatz –
   Ich brauch', wo sich was rührt   58
Hänsel, Marion   110
Harley is a Man's best Friend, A   57
Hat Wolff von Amerongen Konkurs-
   delikte begangen?   94 f.
Haus mit dem Bananenbaum, Das   66
Hauser Kasper   17
Hausgäste   36
Haut und Haar   77
Hawk, Kitty   69
Hayden, Luke   66
Hayworth, Rita   71
Heile Welt   99
Heim, Jo   33
Heindel, Andreas   102
Heinl, Bernd   26
Heisenberg, Benjamin   13, 88
Heiss, Sonja   86
Heiße Luft   24 f.
Helmer, Veit   72
Help the Old   79
Henckel von Donnersmarck, Florian   96 f.
Hendrix, Jimi   14, 16 f., 21
Hens, Dieter   57
Herman, Juan Marcos   54 f.
Herr Zhu   94
Herrmann, Benjamin   51, 84
Herrmann, Mathias   84

Herzog, Werner   121
Hexe!   54
Hiederer, Christa   44
Hierankl   91
Hild, Michael   12, 43
Himmel Weit   90
Himmelreich   90
Historia de Desiertos   75
Hitler, Adolf   31
Hochhäusler, Christoph   88 f.
Hochreiter, Clemens   73
Hochzeit, Die   76
Hoerl, Patrick   47
Hoess, Traute   44
Höffer, Donata   36
Hofmann und Söhne   99
Hofmann, Nico   50 f.
Hogan, Emer   66
Höhne, Severin   114
Holtz, Daniela   92
Hör auf zu heulen, Hermann   59
Horres, Dieter   78
Hotel Very Welcome   97
Houng   41
Houten, Vanessa van   86
Huber, Tobias M.   114
Huckinger März   27
Huillet, Danièle   43
Humbert, Nicolas   25, 62 f.
Hummel, Die   107
Hure   48
Husen, Dan van   40

I
I Remember   116
Idealer Ort, Ein   117
Im Auftrag des Herrn   78
Im Grenzgebiet   71

Im Labyrinth   91
Im Osten des Fensters   70
Im Schatten   43
Imágines de la Ausencia   81
In Afrika ist Muttertag   51
In die Mutterstapfen treten   44
In the Ghetto   80
Incredible Machine, The   73
Independence Day   49
Independence Day: Resurgence   49
Innenansichten   68
Inside the boxes   78
Invasion vom Planeten Schrump, Die   108
Invention of Trust   118 f.

J
Jaba   96
Jack and Bill   15
Jackowski, Janine   86, 92
Jam, The   32
Jan T zen   86
Jansen, Eckhard   76
Jascheroff, Constantin von   106 f.
Jendreyko, Boris   114
Jenseits der Ferne – Die stille Reise
   des Erfinders August Fromm   89
Jetzt oder Nie   51
JFK – Tatort Dallas   85
Job Interview   115
John Rabe   81
Johne, Odine   114
Jon Hiseman's Colosseum   14
Josefine   63
Joy of Art   72
Juan, als wäre nichts geschehen   54 f.
Jürges, Jürgen   80 f.
Just get married!   92

K

Kahl, Jan-Marcello 114
Kaiser, Peter 16
Kalff, Ernst 86
Kalle B. 36
Kalter Fisch 53
Kaltes Fieber 50
Kapitän und sein Pirat, Der 110 f.
Kappeler, Friedrich 28
Karlström, Ewa 53, 68
Karma Cowboy 86 f.
Karo, Nikolai 52 f., 58
Kaufmann, Rainer 71, 92
Kaurismäki, Mika 101
Kezele, Michaela 98 f.
Kick in Iran 107
Kiefer, Martin 106 f.
Kiefersauer, Matthias 65
Kieslowski, Krzysztof 103
Killjoys, The 32
Kinder der Schlafviertel 96
Kirchlechner, Johannes 58
Kismet 84
Klagelied für die Opfer der Gewalt, Ein 31
Kleine Frau, Die 56
Kleine Soldat, Der 23
Kleiner Stürmer 79
Klimmer, Thomas 114
Klug, Andreas Markus 44
Knechtl, Horst 80
Knittelfeld – Stadt ohne Geschichte 78
Koch, Philip 106 f.
Koch, Sebastian 96
Köchl, Edda 18
Konermann, Lutz 46
König Laurin 118
König nebenan, Der 117

Konrad 27
Kostbare Gast, Der 36 f.
Köster, Katharina 116
Kotiuk, Krzysztof 110 f.
Kotowski, Konrad 24
Kral, German 55
Kranwetvogel, Werner 76
Krauss, Korinna 102
Krawinkel, Lenard F. 74 f.
Krebs, Diether 76
Krieg meines Vaters, Der 50 f.
Kriegstauben 44
Kronjäger, Nina 68
Kubach, Gabi 87
Kubitza, Ernst 50
Kümmel und Korn 87
Kurve, Die 91
Kuss Isabelle 63
Kustom Kar Kommandos 71

L

Lachende Gewitter, Das 64 f.
Lamprecht, Richard 118
Land der Väter, Land der Söhne 51
Land-Ei, Das 46
Landgraeber, Wolfgang 84
Längsfeld, Wolfgang 48
Last Exit Brooklyn 27
Lau, Frederick 106 f.
Laura von Albanien 72
Lautlos 64
Lawlor, Tom 66
Lazarescu, Anca Miruna 108
Leave me Alone – Why did you leave America? 20 f.
Leaving Greece 116
Leben der Anderen, Das 96 f.
Leben ist ein langer Tag, Das 98

Leben Lassen 109
Leben nach der Wolke – Seveso, Das 43
Lee, Alvin 14
Letzte Dokumentarfilm, Der 80
Letzten Venezianer, Die 78 f.
Leuthner, Michael 70
Liebe & Laster 41
Lifepak 62
Limmer, Ulrich 85
Linda 35
Lindner Leporda, David 108, 116
Lindsay, Arto 62
Link, Caroline 29, 53
Little Che 113
Liu, Lizhe 102
Living in Oblivion 72
Ljubinkovic, Daniela 98
Löbau, Eva 92
Lohmann, Dietrich 28
Lorenz, Yutah 72
Lourdes 32
Love Alien 113
Love Unlimited 45
Lucky Seven 111
Lügner, Der 42
Lurkers, The 32
Lützelburg, Helmer von 44 f.
Lynch, David 19
Lys, Paul 16

M

M+G 86
Macht liegt woanders, Die 62
Mädchenpensionat 23
Mafia, Pizza, Razzia 80
Mal sehen, was draus wird 64
Mandrax Märchen – Der Tod des jungen Zauberers 25

ANHANG

Mann gegen Mann 114
Mannkopff, Andreas 84
Mannschreck 43
Marcello und Renée 34
Marilyn 51
Mario, Stefan 88
Mars Closer 118
Martin, Chris 53
Marx, Horst-Günter 88
Marx, Karl 95
Masannek, Joachim 81
Maßnahme, Die 118
Match me 115
Mattausch, Dietrich 36
Matz, Stefan 76
MBUBE – Die Nacht der Löwen 84
MC5 21
McGann, Jamie 66
McLaren, Malcolm 33
Meer is nich 100
Meier, Hannes 12
Meine Großmutter zeigt und erzählt bäuerliche Hausarbeit 37
Mekas, Jonas 62 f.
Mena 103
Mergoscia 35
Merker, Thomas 42, 48, 52
Michelle 81
Middle of the Moment 25
Mikis Theodorakis – eine Stimme für die Freiheit 64
Milan 98 f.
Milchwald 88 f.
Mini Händ wärdid rucher, immer rucher 77
Mission Contol Texas 116
Mit sechzehn bin ich weg 101
Mittagschlaf, Der 62
Mittwoch 94

Mitulescu, Cătălin 108
Moga, Patricia 102, 108
Moll, Marlene 44
Mollath 116
Möller, Ulrich 40
Mondscheinkinder 96
Monitor 42
Mörder 101
Morgengrauen 67
Moritz 69
Morrison, Van 21
Mosquito 84
Mould, Claire 66
Müde kehrt ein Wanderer zurück 29
Mühe, Ulrich 96
Muhle-Karbe, Rolf 74
Müller, Richy 48
Müller, Robby 16
Müller, Sandra 74
Müller, Stefan 58
Müller-Elmau, Katharina 58
Muresan, Carla 116
Muskelspiele 46
My American Cousin 102

N

Nacht des Schicksals, Die 44 f.
Nacht Grenze Morgen 114
Nacht und Nebel 31
Nachtfahrer 51
Nachts 56
Nachts schreien die Katzen 65
Nachtschicht 42
Nadeshda 115
Nagar, Ahmed El 118
Nah beim Schah 35
Nathalie 59, 63
Nebel Jagen 52

Nerzwölfe 49
Neumann, Jan 92
Nicht alle waren Mörder 51
Nicht meine Hochzeit 93
Niemandsland 45
Nighthawks 79
Nikčević, Andrija 98
Nirgendland 116 f.
Noblesse Oblige 52 f.
Nocebo 114 f.
Novo de Oliveira, Felix 98
Nüchtern, Rüdiger 12
Nulla si sa, tutto s'immagina – secondo Fellini 90
Nur ein kleines bisschen Liebe 34
Nuri, Sven 102

O

O'List, David 14
O'Sullivan, Anne 66
Ohne Atem 107
Olguin, Maricela 80
On the Other Side of Life 107
One Room Man 90
Onea, Florentina 108
Ordinary Love 85
Ordnung der Dinge, Die 55
Ostertag, Bob 62
Östro 43
Otzenrather Sprung 88

P

Page, Jimmy 14
Pain au Chocolat 86
Palais Schaumburg 42 f.
Pampelmusenmond, Der 58
Pantherhaus, Das 65
Papierhut, Der 74

Paradiesgarten, Der 18, 97
Pas de Deux 77
Passacör 70
Patina – Mosaikbilder in Grün und Graubraun 40
Pauls Reise 78
Peña, Fernando 80
Penderecki, Krzysztof 30 f.
Penicillin 103
Penzel, Werner 24 f., 62
Peren, Maggie 84, 114
Pérez, Emilio 80
Petry, Marco 45
Phantom, Das 84 f.
Phoenix in der Asche 109
Physiologus 70
Picco 106 f.
Pieces of my Heart 88
Platiša, Branislav 98
Poppen 84
Poser, Felix von 19
Postman, Neil 95
Prélude 76
Presley, Elvis 28
Private Eyes 107
Punk in London 32 f.
Putz, Uli 27
Puu, kala, kuu, talo, taivas 70

Q
Quadflieg, Christian 28
Queimada 63
Quiero Ser 80 f.

R
R., Tina 116
Rache ist Blutwurst 42
Rakočević, Nikola 98

Rash Aua 62
Redemption 103
Redetzki, Vincent 114
Reger, Renate 28
Reich, Uschi 91
Reigen 54
Reinhardt, Ernie 70
Reise für den blassen Mann 52
Reitz, Bettina 121
Rekord, Der 50
Replay 69
Reski, Petra 78
Resnais, Alain 31
Respighi, Ottorino 97
Rettig, Wolf 44
Richter, Kathrin 115
Richter, Ralf 76
Richter, Roland Suso 50
Richthofen, Oswald von 40 f.
Riedel, Alexander 100
Riedelsheimer, Thomas 63
Riemann, Katja 68 f.
Ristovski, Danica 98
Rockpalast 57
Rocky Horror Picture Show, The 45
Rödl, Josef 34 f.
Rohrbach, Günter 89
Rolling Stones, The 17
Rosenmüller, Marcus H. 25
Rote Teppich, Der 100
Rückkopplung 71
Rudnik, Barbara 37, 40
Rudzik, Tomasz Emil 102
Ruff, Lennart 114 f.
Runaway 67
Rupp, Rike 26

S
Sabbat 45
Sabotage 81
Sachtleben, Horst 85
Salgado, Oscar 62
Salz für das Leben 64
San Augustin 111
Sand, Axel 84
Santa Smokes – Ein Engel in New York 89
Sattmann, Peter 68
Saul, Anno 21, 53
Scarmour 79
Schaad, Alex 118 f.
Schaad, Dimitrij 118
Schafskälte 101
Schanze, Jens 35
Schau mich nicht so an 118
Scheier, Hans Peter 28
Scheinheiligen, Die 88
Schießl, Georg 34
Schildkrötenwut 110
Schläfer 95
Schläfer, Die 90
Schmid, Hans-Christian 64
Schmid, Johann 28
Schmidbauer, Kerstin 76
Schmidt, Christiane 112
Schmidt, Daniel 108
Schnaus, Ursula 22
Schneckentraum 87
Schnee 110
Schneppe, Andreas 66
Schön, Dorothee 67
Schöner Abend, Ein 64
Schraut, Roland 30
Schreiner, Michael 58
Schroeter, Werner 16

ANHANG

Schrott 64
Schult, Ilona 18
Schwamm, Bernd 12, 97
Schwarz-Weiß-Film 12
Schwestern 84
Science Report 55
Seifert, Claus-Peter 58
Seith, Tristan 102
Sekt oder Selters 58
Sentieri Selvaggi 80
Seybold, Katrin 18
Shaitan 111
Shalom Chaverim, Shalom, Shalom 108
Sharman, Jim 45
Shoot Me 115
Si ruba con gli occhi 73
Sibylle 116
Siebert, Tobias 90
Sieker, Ekkehard 84
Similia/Jung, Andreas 64
Simmonds, Kim 14
Simon, Helen 116 f.
Simones Labyrinth 91
Simsek, Ömer 76
Sirk, Douglas 28 f., 71, 97, 122
Smash – Gefahr aus der Unendlichkeit 37
Sobota 112
Sommer 57
Sommer voller Türen, Ein 108
Sommertage 63
Sorella di Nessuno 50
Sözer, Hilmi 84
Space Zoo 87
Spätvorstellung 46
Spencer, Jeremy 14
Sponsel, Daniel 117
Sprich zu mir wie der Regen 28 f., 122

STACHOVIAK! 56, 57
Stadler, Heiner 57
Stalin, Josef 31
Stampfer, Bernhard 46
Stangassinger, Christian 108
Stau 46
Steinbichler, Hans 37
Step across the Border 25, 62 f.
Sternburg -- Bierkampf im Osten 69
Steuermann, Der 76
Steyerl, Hito 56 f.
Stille Wasser 108 f.
Stiller Abtrag 100
Stranglers, The 32
Straub, Jean-Marie 43
Strietmann, Pia 53
Strong Shit 76
Stückgut – Ein Dokument unserer Zeit 44
Su Daka 68
Sulzbeck, Toni 46
Summer in the City 22
Super, Der 54
Surprise! 72 f.
Sutherland, Donald 85
Sylvesternacht – Ein Dialog 33, 122

T

Tag wie ein Jahr, Ein 55
Talks – 3 Bushaltestellen – 3 Geschichten 91
Tamboo – Lio und der Todesschütze der Makunduchi 51
Tango Berlin 79
Tango im Bauch 52
Tarfala 119
Tarkowskij und ich 92
Taylor, Mick 14

Teardrop 109
Teilhard 112
Tempel, Tobias 110
Ten Years After 43
Tennessee Stud 40 f.
Teodorescu, Alina 78 f., 102
Terrier 119
Theuring, Gerhard 18, 20
Thiel, Andreas 40
This Moment Is Not The Same 106
Thomczyk, Willi 76
Thorwarth, Peter 76 f.
Threnos – Ein Klagelied für die Opfer der Gewalt 30 f.
Tidof, Max 68, 72
Tigerkraut 97
Timm, Bettina 100 f.
Tod eines Idioten 57
Tote vom anderen Ufer, Der 74 f.
Totem 109
Totes Land 117
Tour Eiffel 72
Trageser, Tim 76
Traum der Schwestern Pechstein, Der 50
Tu' es! 114

U

Über Giesing 68
Überraschung, Die 93
Ulmke-Smeaton, Andreas 66
Und Tschüß 73
Ungewisse Lage des Paradieses, Die 67
United Balls 43
Unsere Mütter, unsere Väter 51
Unter der Sonne 96
Unter Freunden 65
Unter Männern 40
Unter Strom 52

Upstream Battle 102
Utopie der Unterschiede 118

V

Vasluianu, Andi 108
Verbotene Hilfe 48
Vergiss Amerika 85
Verkabelt und Verkauft 46
Verspiegelte Zeit 81
Verzaubert 85
Vestine, Henry ‚The Sunflower' 14
Vier Fenster 96
Vier Wände aus Zeit 40
Vogel, Jürgen 84 f.
Voicemail 119
Vom Zusehen beim Sterben 51
Von den Lehrjahren, die schon Jahre für die Herren sind 20
... von Söhnen 74
Vor dem Start 28
Vorwarnzeit 49

W

Wagenknecht, Christoph 44
Wahlverwandschaften 72
Walaa! 114
Wald ist wie die Berge, Der 112 f.
Wald vor lauter Bäumen, Der 92 f.
Walker, Tobias 106
Walther, Gabriele 48, 119
Wanders, Lilo 70 f.
Wanted – who murdered Derek? 102
Warhol, Andy 33
Was nicht passt, wird passend gemacht 76 f.
Was wird bleiben 106
Webb, Stan 14
Weihertal 32

Weihnachtsbaum, Der 48
Weihnachtsmärchen 26 f.
Weihnachtssafari 41
Weil der Mensch ein Mensch ist 108
Weilemann, Gisela 32
Weindler, Helge 32
Weiss, Matthias 14 f., 43
Welk 108
Wemcken, Rainer 40
Wenders, Wim 14–17, 29, 33, 43, 63
Wenn ein Mann erst anfängt zu schlagen ... 36
Werdin, Egon 40, 48
Werner, Muriel 16
Westwood, Vivienne 33
Whitney, John 14
Wickler, Konrad 70
Wie du küsst 114
Wiedemann, Max 96
Wiedemann, Mike 26
Wiedergeboren in Westfalen 101
Wiesmann, Claudia 74
Williams, Tennessee 29
Williams, Tim 98
Winterkinder 95
Winwood, Steve 14
Wir haben lange geschwiegen 29
Wir passen nicht mehr in diese Landschaft 34
Wir waren niemals hier 94
Wirsching, Otto 28
Wisnewski, Gerhard 84
Witt, Alexander 44
Wittek, Irene 18
Wo ist Lou? 44
Wöbke, Thomas 64, 92
Wochenend 44

Wohnen möchte ich hier nicht 30
Wöhrle, Jürgen 28
Woigk, Helen 102
Wölfe 75
Wolff, Andy 110 f.
Wolke-Desinée, Melitta 44
Wood, Ed 101
Worm, Philipp 106
Wortmann, Sönke 51–53, 58 f.
Wunderbare Tage 92

X

X-Ray Spex 32

Y

Yörük, die Nomaden Anatoliens 36

Z

Z. B. Geschirrherstellung 28
Zaragosa, Mario 80
Zehn Jahre danach 19
Zeiten ändern Dich 27
Zement 57
Zenk, Peter 48
Zet, Klara 18
Zielstorff, Ilse 52
Zimmer, Markus 70
Zöckler, Billie 44
Zoe 55
Zorn, John 62
Zuckerhut 47
Zukunft des Harald E., Die 32
Zunge in Madeira 57
Zurück in die Zukunft 73
Zwischen Land und Meer 28

DANK

Wir danken allen Studentinnen und Studenten, Absolventinnen und Absolventen für die HFF-Produktionen der letzten 50 Jahre – und für alle, die noch kommen werden. Wir danken speziell jenen, deren 50 Filme wir hier präsentieren sowie den Kommentatorinnen und Kommentatoren für ihre Beiträge.

Wir danken allen früheren und heutigen Professorinnen und Professoren der einzelnen Abteilungen, Bereiche und Aufbaustudiengänge sowie den Mitarbeiterinnen und Mitarbeitern der Hochschule. Auch danken wir unserer Präsidentin Bettina Reitz für ihre Unterstützung und ihren Beitrag zum Projekt.

Wir danken den Mitarbeiterinnen und Mitarbeitern der Abteilung „Medienwissenschaft": Michaela Krützen, der begeisternden Initiatorin und Leiterin des Projekts, Johannes Wende, Miriam Jakobs und Johannes Rosenstein für wertvolle Impulse sowie Kathrin Maus und Margit Werb für ihre Unterstützung bei der Administration des Projekts. Außerdem danken wir Catalina Torres für die Erstellung und Aufbereitung sämtlichen Bildmaterials sowie Michael Wolf für die Entwicklung und Wartung unserer Recherchedatenbank. Wir danken unserer studentischen Hilfskraft Salome Tomášek für die Recherche und Erfassung von Daten sowie die aufwendige Verwaltung der Sichtungskopien.

Wir danken Gunther Heinzelmann, der uns bei der Bereitstellung, Qualitätsprüfung und Sichtung der analogen Filmkopien eine große Hilfe war, und wir danken Martin Foerster für die Überspielung von Sichtungsexemplaren. Wir danken Margot Freissinger und Tina Janker, deren sorgfältig gepflegter Dokumentation und Ablage wir wertvolle Informationen entnehmen konnten. Wir danken Friedrich Tauber für seine Unterstützung bei der Recherche nach Presseartikeln, Peter Heinrich und seinem gesamten Team für die Hilfe bei der Recherche von Festivalkatalogen und anderem Bibliotheksgut. Wir danken außerdem den Herstellungsleitungen der Abteilungen „Kino- und Fernsehfilm" sowie „Dokumentarfilm und Fernsehpublizistik" Hans-Joachim Köglmeier, Ferdinand Freising und Manya Lutz-Moneim für ihre Hilfe bei der Rechteklärung. Wir danken ebenfalls Evi Stangassinger, deren Fachwissen aus der HFF-Geschichte uns eine große Hilfe war.

Ein großer Dank gilt allen Mitarbeiterinnen und Mitarbeitern der Hochschulverwaltung, die uns bei der Administration, Organisation und Durchführung des Projekts stets unterstützt haben; insbesondere Tobias Kastl und Thomas Bätz, die sich geduldig und kompetent um unsere Hard- und Software am Arbeitsplatz gekümmert haben. Wir danken auch ganz besonders Jette Beyer und Anja Menge von der Pressestelle für die wertvolle Zusammenarbeit im Hinblick auf das Gesamtprojekt „50 Jahre HFF".

Schließlich danken wir Brigitte Voit für das visuelle Gestaltungskonzept. Wir danken unserem Lektor Jerome P. Schäfer sowie Birgit Kugel und Anna Schweighardt für die Buchherstellung.

Nicht zuletzt danken wir der Firma ARRI Group in München, insbesondere Franz Kraus, für die kostenfreie Abtastung von Filmen, die sonst in Vergessenheit geraten wären, und der Firma ALPHA-OMEGA digital GmbH, insbesondere Thomas Bakels, für die großzügige Restaurierung unseres vermutlich zweitältesten Films.

Ohne die großartige Unterstützung der oben genannten Personen und Institutionen wäre dieses Projekt nicht möglich gewesen.

Juliane A. Ahrens, Judith Früh und Judith Westermann

Film
in der edition text+kritik

Judith Früh / Helen Simon (Hg.)
Bilder wilder Jahre
Die Filme der HFF
Band I (1967–1979)
418 Seiten, zahlreiche farbige und s/w-Abbildungen,
€ 39,80
ISBN 978-3-86916-066-5

Der erste Band »**Bilder wilder Jahre**« umfasst die Zeit der wilden und politisch brisanten **1960er und 1970er Jahre**, die zusammenfallen mit den Gründungs- und Selbstfindungsjahren der HFF. Erstmals ist nachzulesen, was heute so berühmte Film- und Fernsehschaffende wie **Doris Dörrie**, **Dominik Graf**, **Bernd Eichinger**, **Michael Schanze** und **Wim Wenders** über ihre Filme und ihre Ausbildung an der HFF zu sagen haben.

Judith Früh / Catalina Torres (Hg.)
Bilder aus der Zeit dazwischen
Die Filme der HFF
Band II (1980–1989)
507 Seiten, zahlreiche farbige und s/w-Abbildungen,
€ 39,80
ISBN 978-3-86916-263-8

Nach dem Eröffnungsband, der sich den **Gründungsjahren** widmete, umfasst nun der zweite Band der Reihe die **1980er Jahre** und damit eine Zeit, in der die Hochschule als Institution bereits fest verankert war. Insgesamt zeugen die HFF-Filme der 1980er Jahre davon, wie die »**Kinder des Autorenfilms**« erwachsen wurden und auf diese seltsame Zeit zwischen dem **Gestern** und dem **Heute**, wie wir es kennen, äußerst unterschiedliche Antworten fanden.

et+k
edition text+kritik · 81673 München · www.etk-muenchen.de